Andrea Schwarz

Gib dem Engel eine Chance

Gedanken und Geschichten
zu Weihnachten

HERDER

FREIBURG · BASEL · WIEN

Lieber Leser, liebe Leserin,

was macht Weihnachten eigentlich zu Weihnachten? Und schon zögere ich mit der Antwort …

Da ist zum einen das »Weihnachten«, das mit viel Rummel, überfüllten Einkaufszentren, langen »Zu-erledigen-Listen«, Weihnachtsfeiern, Stress und Hektik verbunden wird – alles mit dem Ziel, ein möglichst schönes Fest zu feiern. Das fängt dann oft schon Ende November an, hört dafür aber am zweiten Weihnachtsfeiertag auch schon auf, weil es den meisten dann wirklich reicht. Auch »Rudolph the Red-Nosed Reindeer« und »Jingle Bells« kann man schließlich nur eine begrenzte Zeit lang hören.

Andere haben für sich die leisen und manchmal auch dunkel-herben Töne der Adventszeit entdeckt – das Licht im Dunkel der Nacht und der Kerzen am Adventskranz, die Rorate-Ämter um sechs Uhr morgens, für die man leise schimpfend früh aufsteht – aber sich dann von ihrem Zauber doch gefangen nehmen lässt. Advent – das ist der Glühwein auf dem kleinen, noch nicht kommerziell vereinnahmten Adventsmarkt und die Hoffnung, dass vielleicht ein wenig Schnee unsere Städte und den Wald verzaubern mag. Das sind die gemütlichen Abende zu Hause, mit vielen kleinen geheimnisvollen Dingen, die andere nicht sehen sollen. Ich denke an Menschen, die sich weigern, Spekulatius schon im September zu kaufen, die versuchen, statt der Schokoladen-»Weihnachtsmänner« mit rotem Mantel und weißem Pelzbesatz noch einen richtigen

»Nikolaus« mit Bischofsstab und Mitra zu finden — und im Advent nicht schon Weihnachten zu feiern.

Wahrscheinlich lässt sich die eine oder andere Art, Weihnachten zu feiern, nicht einfach auf zwei Gruppen verteilen – mitten im größten Stress mag die einen plötzlich ein Hauch des Zaubers anrühren, die anderen lassen sich zwei Tage vor Heiligabend dann doch noch von der allgemeinen Betriebsamkeit anstecken.

Advent, Weihnachten – egal, welcher Gruppe man »angehört«, da sind lange Nächte, kurze Tage, wenn man Glück hat, ein wenig Schnee, oft aber bleibt es auch trüb-grau, will es nicht mal richtig hell werden. Und dann entstehen die Träume vom bullernden Kachelofen, an den man durchgefroren und mit roten Wangen vom langen Winterspaziergang im Schnee heimkommt, Kerzen anzündet, Bratäpfel macht und Glühwein trinkt, den Duft der Tannenzweige riecht und der frisch gebackenen Weihnachtsplätzchen, sich auf den Gänsebraten mit Klößen und Rotkraut freut – und auf ein paar ruhige und stille Tage zu Hause.

Was macht Weihnachten eigentlich zu Weihnachten? Vor einigen Jahren verbrachte ich diese Tage in Südafrika – und dort war es ganz anders. Zur Weihnachtszeit ist Hochsommer, die Sonne brennt gleißend von einem strahlend blauen Himmel herunter, der Weihnachtsbaum ist eine Palme, der zweite Weihnachtsfeiertag ist traditionell der Tag der Grillpartys an den Stränden, die entsprechend überlaufen sind – und eigentlich hat man gar keine Lust, irgendeine Kerze anzustecken, denn es ist sowieso schon heiß genug. Was aber bleibt von Weihnachten, wenn man all das »wegnimmt«, was sozusagen »mitteleuropäisch« geprägt ist? Was ist die Botschaft dieser Tage, wenn man auf all das »Heimelige« verzichten muss? Was übersteht 35 Grad Hitze, schmelzende Kerzen und verschwitzte T-Shirts? Was von meinen Bildern und Symbolen von Weihnachten trägt auch durch den heißen Sommer in Südafrika durch – oder gibt es möglicherweise ganz neue Bilder? Vielleicht sogar die Chance, das zu entdecken, was Weihnachten eigentlich ist?

Eines ist jedenfalls gleich, sowohl in Deutschland als auch in Südafrika: die Gefahr, Weihnachten zu einem netten, süßlichen Fest zu machen und deshalb im Advent bereits Weihnachten zu feiern. Weihnachten aber meint mich, ganz persönlich – und das eigentliche Geschenk ist, dass Gott Mensch wird, für mich.

Deshalb braucht es die Wochen des Advents, des Wartens, der Verheißung, die eben noch nicht die Erfüllung ist. Es braucht die Sehnsucht, damit Weihnachten werden kann. Es braucht eine Zeit der Vorbereitung, damit ich mich neu auf das »einstellen« kann, was mir da zugesagt wird. In den Kirchen werden in der Zeit vor dem Advent, an den letzten Sonntagen im Jahreskreis, Bibeltexte vom Ende der Welt und vom Letzten Gericht gelesen – und vielleicht haben diese herben Lesungen ihren Sinn: Sie wollen uns wach machen und neu aufrütteln, weil Weihnachten eben nicht nur ein nettes Fest ist, sondern Gott mit uns neu anfangen will. Deshalb ist Weihnachten auch nicht nur ein Datum und auf zwei Tage begrenzt, sondern Weihnachten geht weiter, will 365 Tage im Jahr gelebt sein.

Gut, dass es Wegbegleiter bei diesem »Abenteuer Advent« gibt: die herbe Gestalt Johannes' des Täufers, der mahnt und zur Umkehr aufruft, Maria, die uns beispielhaft vorlebt, was es heißt, Gott zur Welt zu bringen, Engel, die kommen und gehen und Botschaften bringen ... und doch bleibt Weihnachten irgendwie ein Geheimnis, dem ein ganz eigener Zauber innewohnt.

Dazu wollen die Texte in diesem Buch einladen ... das aber geht nur, wenn Sie dem Weihnachtsengel wirklich eine Chance geben, Sie in das Geheimnis von Weihnachten zu führen. Dann können und werden diese Tage mehr als ein nettes Fest sein – egal ob Sie es in Deutschland oder in Südafrika feiern. Dann könnte Advent zu einer Zeit des Innehaltens und der Besinnung werden – und eben nicht zu einer Zeit höchster Betriebsamkeit und Hektik.

Dann kann Gott Mensch werden ...

Dann kann ich neu Mensch sein ...

Vielleicht wird Weihnachten dann zu einem ganz einfachen Bild: eine junge schwarze Frau mit ihrem kleinen Kind auf dem Arm, vor einer schäbigen Blechhütte. Und dann könnte die Einladung heißen: Stell dich fünf Minuten vor die Tür, schau zu den Sternen, atme die Stille, lass werden, trau dich zu sein – und hab Mut zum Mehr!

Und möglicherweise hat das viel mehr mit Weihnachten zu tun als das, was wir daraus gemacht haben ...

Weihnachten ist anders:

Gott wird Mensch.

Inhalt

Wenn aus Chaos Ordnung wird ... oder: Wie eine neue Welt entsteht

> Wenn der Menschensohn in seiner Herrlichkeit kommt und alle Engel mit ihm, dann wird er sich auf den Thron seiner Herrlichkeit setzen. Und alle Völker werden vor ihm versammelt werden und er wird sie voneinander scheiden, wie der Hirt die Schafe von den Böcken scheidet. Er wird die Schafe zu seiner Rechten stellen, die Böcke aber zu seiner Linken.
>
> MATTHÄUS 25,31–33

Gelegentlich stapelt sich in meinem Arbeitszimmer das Papier, Mitteilungen vom Verlag, eine Pfarrzeitung, von irgendwo mitgenommen, Briefe, ausgedruckte Mails, Kassenbons, die Teilnehmerliste vom letzten Kurs. Manchmal fehlt einfach die Zeit, die Sachen richtig zu versorgen, und dann schichte ich es eben aufeinander. Aber irgendwann muss man ja doch mal ran – und der erste Schritt ist das Vorsortieren: Alles, was abzuheften ist, kommt auf einen Stapel, was zu lesen ist, auf einen anderen, all das, wo ich noch was tun muss, auf einen dritten. Und das, was auf gar keinen Stapel passt, wandert ins Altpapier. Neu Ordnung schaffen – da ist zuerst Sortieren angefragt.

Und das war schon bei der Erschaffung der Welt so – Gott scheidet das eine vom anderen, er sortiert sozusagen: Er scheidet das Licht von der Finsternis, das

Wasser oberhalb des Gewölbes von dem unterhalb, und er lässt die Wasser sich sammeln, damit trockenes Land sichtbar wird. So beginnt es – Gott sortiert, und damit entsteht eine neue Welt.

Und am Ende der Zeiten wird es wieder so sein … Gott ordnet, die einen zur Linken, die anderen zur Rechten. Eine neue Welt bricht an.

Aber bis dahin ist alles kunterbunt durcheinander – so wie in dem Stapel Papier auf meinem Schreibtisch. Ich fange dann an aufzuräumen, wenn ich es nicht mehr aushalte.

Und jetzt frage ich mich: Wie lange hält Gott uns und unser Durcheinander noch aus? Aber ich glaube daran: Eines Tages wird er aufräumen … und eine neue Welt bricht an.

Vielleicht könnte ich schon mal üben? Sortieren zwischen wichtig und unwichtig? Mich entscheiden, wie ich »meinen« Advent in diesem Jahr leben will? Wie ich mich auf Weihnachten einstellen will? Vielleicht ist das die Erinnerung der Evangelien an den letzten Sonntagen im Kirchenjahr?

Denn, ganz ehrlich gesagt: Es ist nur ein Gerücht, dass Weihnachten immer so plötzlich kommt. Jedenfalls, wenn es um das »Weihnachten« geht, das wir am 24. Dezember feiern. Der Termin steht eigentlich schon ein Jahr vorher fest.

Dass wir uns manchmal von dem überrumpeln lassen, was andere in diesen Tagen für wichtig halten, kann man eigentlich dem Weihnachtsfest nicht anlasten … da ist schon unser Einsatz, unsere Entscheidung gefragt … ✍

Welchem König folgen wir?

»Christkönig« heißt das Fest am letzten Sonntag vor dem Advent im katholischen Festkalender: Christus der König! Ein Fest, das sich unserem Alltagsdenken doch ein wenig entzieht. Aber in Südafrika habe ich etwas über dieses Fest gelernt.

Ein König kommt in unserem Leben heute fast nicht mehr vor – wenn man mal von den vierfarbigen Reportagen in diversen Illustrierten absieht. Aber auch da wirken die schwedischen und englischen Könige und Königinnen, Prinzen und Prinzessinnen irgendwie ein wenig deplatziert in unserer heutigen Zeit von Internet und Satelliten, von Gentechnik und Hochleistungssport – fast so, als wären sie aus einer anderen Zeit noch aus Versehen übrig geblieben. Und so gern man sich auch die entsprechenden Hochzeiten im Fernsehen anschaut – irgendwie erinnert das doch an Märchen und Geschichten aus alter Zeit. Aber was haben wir denn damit noch zu tun?

Ja, es ist ein altes, archaisches Bild: der König, der sich um die ihm anvertrauten Menschen sorgt und kümmert, eine Aufgabe, die mit Verantwortung für die ihm Anvertrauten verbunden ist. Der König, das ist der gute Hirte: »Ich selbst werde meine Schafe weiden, ich selbst will sie lagern lassen – Spruch Gottes, des Herrn. Das Verlorene will ich suchen, das Versprengte zurückführen, das Verletzte verbinden, das Kranke stärken; das Fette aber und Kräftige will ich schützen und weiden, wie es recht ist« (Ezechiel 34,15 – 16).

Aber – um in diesem alten Bild zu bleiben – der König muss sein Königreich und die ihm Anvertrauten verteidigen … und dazu braucht er Krieger. Auch das ist so ein altes, archaisches Bild. Der Krieger ist das Gegenbild zum Söldner: Der lässt sich gegen Geld anheuern und macht Kämpfen zu seinem Beruf, egal für was und gegen wen – Hauptsache bezahlt. Der Krieger dagegen setzt sich ein für das Gute, von dem er überzeugt ist. Er bekämpft das Böse und dient einer gerechten Sache. Er schützt die Gemeinschaft, besonders die Benachteiligten – und das macht er kraftvoll und loyal gegenüber seinem König. Dazu gehört Selbstdisziplin … da sind Neid, Gier, Gewalt und Zorn nicht so besonders hilfreich. Er stellt sich dem Konflikt, wenn es notwendig ist – aber er meidet sinnlose Kämpfe. Er setzt sich ein, er gibt sich hin, auch wenn es gegebenenfalls das eigene Leben kostet!

In Südafrika habe ich in KwaZulu Natal gelebt, dem nordöstlichen Bereich des Landes um Durban. Dort leben vor allem Zulus, eine der größten Volksgruppen in Südafrika – und ein Volk mit einer kriegerischen Vergangenheit!

Die Zulus sind stolz darauf, Krieger zu sein – und bringen es durchaus in Verbindung mit ihrem christlichen Glauben. Sie folgen ihrem König, Christus, und sind seine Krieger! Sich einsetzen für ein Ideal, sich hingeben, kraftvoll, loyal. Manchmal würde ich uns Christen und auch unserer Kirche hier in Deutschland so etwas »Kriegerisches« wünschen – stattdessen lehnen wir uns gemütlich zurück, gucken zu, jammern ein bisschen rum, sollen die anderen doch machen …

Manchmal frage ich mich, ob wir von »Kriegern unseres Glaubens« zu Konsumenten, zu Verbrauchern unseres Glaubens geworden sind … Nein, keine Sorge: Sie müssen nicht demnächst mit der neuesten Ausgabe Ihrer Pfarrzeitung auf dem Marktplatz stehen − und Sie müssen nicht mit der Gitarre und drei Liedzetteln in der Hand durch die Restaurants hier ziehen, um Geld einzusammeln … aber wir haben auch keinen Grund und Anlass, uns in die Defensive zurückzuziehen. Wir stehen für eine gute Idee, für eine gerechte Sache − und das lohnt unseren Einsatz. Und wir werden gebraucht − du, ich, wir! Unser König braucht unsere Unterstützung!

Wie das gehen kann? Vielleicht wäre der erste Schritt, uns bewusst zu werden, welchen Schatz wir in unserem Glauben haben … und dass es sich lohnt, sich dafür einzusetzen! Für ihn einzustehen, wenn andere ihn schlechtmachen wollen. Sich als Christ bekennen. Flagge zeigen!

Das geht am einfachsten, wenn man seinen Glauben lebt − ihn tagtäglich umsetzt. Im Evangelium heißt das so: Hungrigen zu essen geben, Durstigen zu trinken, Fremden Obdach gewähren, Nackte bekleiden, Kranke und Gefangene besuchen.

Die Diözese Erfurt hat eine Neuformulierung dieser Werke der Barmherzigkeit versucht:

Einem Menschen sagen: »Du gehörst dazu.«
Ich höre dir zu.
Ich rede gut über dich.
Ich gehe ein Stück mit dir.

Ich teile mit dir.
Ich besuche dich.
Ich bete für dich.

Ein Krieger, eine Kriegerin Gottes zu sein, das muss nicht immer auf den allervordersten Plätzen sein. Das geschieht manchmal ganz im Verborgenen, ganz im Hintergrund. Das hat nichts, aber auch gar nichts mit Gewalt zu tun ... das heißt nicht, dass ich andere mit meinem Glauben »zwangsbeglücke«. Das heißt: zu meinem Glauben und zu meinem König loyal zu stehen – und das zu tun, was ich tun kann.

Für wen bete ich? Wen besuche ich? Mit wem teile ich? Mit wem gehe ich ein Stück? Über wen rede ich gut? Wem höre ich zu? Und wem sage ich: »Du gehörst dazu«?

Die »größte Waffe ist sein Herz«, heißt es im Lied »Krieger des Lichts« der Gruppe *Silbermond*. »Krieger des Lichts« zu sein – so könnte die Aufgabe für uns lauten. Wenn Jesus Christus von sich sagt: »Ich bin das Licht der Welt« (Johannes 8,12) – dann setzen wir uns ein für das Licht, kämpfen für das Licht. Wenn Er unser König ist, dann sind wir gefragt, seine Krieger und Kriegerinnen zu sein. Es ist unsere Entscheidung.

Und damit sind wir mitten im Advent ... Zeit der Entscheidung: Welchem König folgen wir? ∽

Ich traue

meiner Sehnsucht
dem Hunger
der Liebe
den Träumen

meiner Einsamkeit
den Gefühlen
dem Dunkel
dem Licht

meinen Tränen
dem Lachen
der Wut
der Ohnmacht

meinen Fragen
den Zweifeln
den Hoffnungen
der Lust

meinem Suchen
der Verzweiflung
der Hoffnungslosigkeit
dem Anfang

ich traue
dem Leben
Gott

Ich glaube an Nächte

Der Advent, diese letzten Tage im Jahr, das ist eine dunkle Jahreszeit. Klare Sonnentage sind eher selten, und der graue Nebel kann sich einem schon aufs Gemüt legen. Noch werden die Tage kürzer und die Nächte länger, und Frühling und Sommer liegen in weiter Ferne.

Das Dunkel, die Nacht macht vielen Menschen Angst. Nacht − das ist immer ein bisschen Chaos, fremd, verwirrend, unvertraut. Ich kann nicht richtig sehen, wo ich hinlaufe oder was auf mich zukommt, ich fühle mich ausgesetzt, spür mich unbeheimatet, einsam, verloren, vielleicht sogar bedroht.

Der Versuch, dieses Dunkel mit Lichtern zu erhellen oder es gar zu vertreiben, ist durchaus verständlich. Und das bevorstehende Weihnachtsfest, das Fest des Lichtes, ist für viele willkommener Anlass, bereits jetzt schon die Festbeleuchtung hervorzuholen. Von überall her leuchtet es mir entgegen, wenn ich abends nach Hause komme: elektrische Kerzen in dunklen Fenstern, rot-blau-gelbes Lichterleuchten in geahnten Wohnzimmern, Lichterketten in den Zweigen eines blattlosen Baumes, Weihnachtsbeleuchtung in den Einkaufsstraßen der Städte. Und sogar manche Autos haben vorne an der Windschutzscheibe einen kleinen, künstlichen Weihnachtsbaum, der unaufhörlich vor sich hin blinkt.

Diese vielen elektrischen Lichter verraten unsere Sehnsucht − in der doppelten Bedeutung des Wortes:

Sie decken unsere Sehnsucht auf, lassen darum ahnen, auf was wir Menschen hoffen — und zugleich sind sie möglicherweise der Versuch, diese Sehnsucht zu domestizieren, zu bändigen, in den Griff zu bekommen.

Wir sehnen uns nach dem Licht, nach der Ordnung, danach, alles unter Kontrolle zu behalten. Wir wissen ganz gerne, woran wir sind. Das Fremde, Unvertraute, Ungeborgene liegt uns nicht so. Das macht Angst.

Deshalb versuchen wir, die Nacht zu vertreiben, indem wir Lichter anschalten. Wir sind oft nicht mehr in der Lage, das Dunkel auszuhalten oder uns gar in das Dunkel hineinzubegeben.

Und das gilt nicht nur für diese langen Nächte im Advent, sondern auch für alle sonstigen menschlich dunklen Situationen. Wir halten das Dunkel nicht mehr aus. Der Einsamkeit wird kein Raum gegeben, stattdessen wird sie durch Fernsehen und Musik betäubt. Fragen werden durch Rezeptantworten zur Seite geschoben. Auf Ziel- und Sinnlosigkeit wird mit einem noch Mehr an Aktivitäten geantwortet. Trauer wird vertröstet, Behinderung wird übersehen, Krankheit an Fachkräfte delegiert, nach der Devise: »Don't worry — be happy!« — sorge dich nicht, sei glücklich.

Und manche möchten einem dabei noch gerne suggerieren, dass ein solches Glück machbar ist — und bieten noch eine Idee mehr an, wie sich mit Geld Leben kaufen lässt. Aber all dies stillt nicht wirklich. Da bleibt eine seltsame Unruhe, dass da doch noch mehr sein muss, da bleibt ein Ahnen um eine andere Wirklichkeit. Da bleibt ein Fragen, das noch keine Antworten kennt, da bleibt ein Hoffen, eine Sehnsucht.

Wir mögen das Dunkel nicht – und doch braucht der Tag die Nacht. Wir brauchen das Dunkel. Erst dann kann die Sehnsucht in uns wachsen, erst dann kann uns die Sehnsucht so erfüllen, in uns so kraftvoll werden, dass sie uns zum Aufbruch treibt. Das vorschnelle Anzünden von Lichtern dagegen vertreibt diese Sehnsucht, vertröstet statt auszuhalten, gaukelt Antworten vor, um die Fragen nicht zuzulassen, beendet einen Weg, der eigentlich erst gegangen sein will.

Die Nacht ist die Zeit der Konzentration, des Sammelns, des Wachsens. Nicht länger abgelenkt von den zahlreichen Außeneindrücken des Tages kann ich mich neu auf das Wesentliche, das Eigentliche, besinnen. Ich kann meinen Wurzeln nachspüren, brauche nicht in neue Aktivitäten zu verfallen.

Die Nacht, das ist die Zeit, in der ich lassen kann. Ich muss nichts tun, es kann in mir sein, reifen, wachsen. Das ist die Zeit, in der Fragen unbeantwortet bleiben, aber einer Antwort entgegenwachsen. Das ist die Zeit, in der ich warte und offen bin für die unerwartete Anfrage Gottes. Das ist die Zeit, in der ich ins Hören komme, statt dauernd etwas tun zu müssen.

Die Nacht ist die Zeit des Lassens, so wie der Tag die Zeit des Tuns ist. Beides bedingt einander und braucht sich gegenseitig. Erst im Lassen kann ich empfangen, werde ich offen für den Ruf von außen. Nur in der Stille kann ich hören.

Das Dunkel ist Teil unseres Lebens – und es gilt, dieses Dunkel auszuhalten. Das Dunkel ist die Chance zur Rückbesinnung, zur Neuorientierung. Wir werden zurückgeworfen auf uns selbst – und können uns deshalb in Gott finden. Das Außen, die Aktivitäten, das Tun lenken nicht mehr ab – wir werden neu verwiesen auf das Sein. Das Wesentliche kann hervortreten, von Äußerlichkeiten befreit.

Dann kann die Sehnsucht in mir wachsen, mich so erfüllen, dass sie mich umtreibt, neu auf den Weg schickt, mich losgehen lässt – dann kann Weihnachten in mir wirklich geschehen, kann Gott in mir zur Welt kommen.

Deshalb werden alle Versuche, das Dunkel künstlich zu erhellen, das Unheimliche, Fremde, Unüberschaubare aus meinem Leben herauszuhalten, scheitern. Die Flucht in Aktivität und grelle Lichter mag diese Sehnsucht für einen kurzen Moment betäuben, rastloses Beschäftigtsein mag die Stille verhindern, in der mich die Stimme Gottes erreichen könnte. Aber all das wird den Hunger nicht wirklich stillen – es bleibt die Sehnsucht und das Ahnen.

Eine solche Sehnsucht kann unruhig machen – wenn ich ihr einen Raum in meinem Leben gebe. Sie ist Heimweh nach einer noch nicht erfahrenen Heimat, von deren Vorhanden-Sein ich nur ahne; sie ist die Lust am Anderen, die mich aufweckt und aufrüttelt aus meinem Alltag, mich aus dem Gewohnten herausholt; sie ist die dunkle Hoffnung, dass es noch mehr geben mag als das, was ich erlebe, erfahre, spüre.

Eine solche Sehnsucht kann nur im Dunkel wachsen, in Zeiten, in denen ich mich dem Dunkel hingebe, es zulasse, mich loslasse.

Rainer Maria Rilke sagt es schlicht und einfach und zugleich voll Vertrauen: »Ich glaube an Nächte.« Ja, ich glaube an die Nacht, an das Dunkel, weil in ihr Kräfte wachsen können, die mich verändern, mich neu zum Leben befreien können. Und inmitten der Nacht wächst die Freude auf den neuen Morgen, den neuen Tag.

Es braucht diese Spannung in meinem Leben. Ich brauche das Dunkel, damit ich das Licht wirklich wahrnehmen kann. Das Licht von Weihnachten kann erst richtig leuchten aufgrund des Dunkels der Adventszeit. Aufbruch ist erst möglich, wenn mich eine Sehnsucht treibt.

Der Advent will helfen, Weihnachten wirklich zu erleben. Er will den Hunger deutlich machen, die Vorläufigkeit unserer Fragen, er will Visionen wachrufen, uns einladen, uns neu der Botschaft Christi zu stellen. Dazu braucht es die Erfahrung des Mangels, des Dunkels, der Nacht. Nur aus der Leere heraus kann ich sehnend sein und werden. Und neue Wege werde ich nur finden und gehen können, wenn ich das Alltäglich-Vertraute verlasse.

Und deshalb möchte ich Weihnachten nicht schon im Advent feiern. Statt in rastlose Hektik und Betriebsamkeit zu verfallen, möchte ich mir Zeit nehmen, Zeit für mich, Zeit für Freunde, Zeit für diesen Gott. Ich möchte dem Dunkel dieser Tage und dem Dunkel in mir nachspüren, um daraus Neues wachsen und entstehen zu lassen. Ich möchte mich rückbesinnen auf das, was mein Leben wirklich trägt und hält. Ich möchte neu wesentlich werden, mich suchen, um Gott zu finden.

Und deshalb ist es vielleicht wirklich wichtiger, statt des vorweihnachtlichen Hausputzes sich eine halbe Stunde in eine Kirche zu setzen, einem Freund wieder einmal einen Brief zu schreiben, statt zu telefonieren, in aller Ruhe Musik zu hören, ohne nebenbei zu lesen, den Fernseher ausgeschaltet zu lassen und den Kindern eine Geschichte zu erzählen, Freunde zum Tee einzuladen, statt noch eine weitere Sorte Plätzchen zu backen.

Und vielleicht ist es auch hilfreicher, das elektrische Licht einmal ausgeschaltet zu lassen und dem Licht der Kerzen auf dem Adventskranz zu vertrauen, die vom Wachsen der Sehnsucht erzählen und von der Verheißung, dass Gott Mensch wird, um unser Dunkel zu erhellen.

Ich glaube an Nächte. ∽

Heiligabend im November

Ein Abend Ende November in Südafrika: Ich sitze am Computer, morgen fängt ein Kurs an, einige Mails sollten noch beantwortet werden. Ich bin ein bisschen unter Druck …

Plötzlich Stromausfall. Das Licht geht aus, die Musik hört abrupt auf, der Computer schaltet auf Akku um – aber es nutzt mir wenig, ich kann ja nicht mal mehr die Tasten sehen.

Seufzend fahre ich den Computer herunter, taste mich im Licht der Kerze zum Tisch hinüber, gieße mir ein Glas Wein ein, zünde mir eine Zigarette an.

Ich hadere ein wenig … muss es aber auch gerade jetzt sein? Ich hätte doch noch so viel erledigen müssen! Aber – nichts geht mehr. Der Stromausfall holt mich aus all meinem »zu erledigen« und »zu tun« heraus.

Das Licht der Kerze flackert, erhellt den Raum nur wenig. Ich schaue dem Spiel von Licht und Schatten zu. Nicht mal lesen geht mehr.

Und plötzlich fällt mir auf, wie still es ist. Wunderschön still … nicht mal der Kühlschrank brummt mehr.

Und wenn ich nichts tun kann, dann muss ich auch nichts mehr tun …

Einfach nur sein, geschehen lassen. In der Stille der Nacht, im flackernden Licht der Kerze. Und ich werde ein wenig ruhiger.

Ob es damals in Betlehem wohl so ähnlich gewesen

sein mag? Eine kleine flackernde Kerze in einer Stall-
laterne, die ein wenig das Dunkel erhellt … Stille …
ein funkelnder Stern am Himmel … alles »zu tun« und
»zu erledigen« loslassen und einfach geschehen lassen.

Einfach sein.

Mit mir, mit der Nacht, mit Gott.

Und es ist gut so.

Ein »heiliger Abend« Ende November in Südafrika.
Weihnachten …

Weihnachten nimmt das Dunkel nicht weg – aber es
ist wie das flackernde Licht der Kerze, die das Dunkel
ein wenig erhellt. Das ist die Stille, in der Gottes Stimme gehört werden kann. Das ist, wenn alles »zu tun«
und »zu erledigen« durchkreuzt wird.

Und fast fand ich es ein wenig schade, als eine halbe Stunde später das Licht wieder anging, der Kühlschrank brummte, der Computer es wieder tat.

Aber da war Weihnachten, da war »heilige Nacht« …
auch wenn es nicht am 24. Dezember war. Aber das ist
ja sowieso nur ein Datum. ✍

Adventsmeditation 1

Worauf warten wir?

dass der Wecker klingelt
dass das Teewasser kocht
dass der Kaffee durchgelaufen ist
dass das Duschwasser warm wird
dass der Bus kommt
dass der Zug abfährt
dass der Stau sich endlich auflöst
dass die Ampel grün wird
dass der Computer hochfährt
dass die Zeit rumgeht
dass die Kinder nach Hause kommen
dass der Besuch an der Tür klingelt
dass die Nudeln gar sind
dass der Briefträger kommt
dass die Nachrichten anfangen
dass das Fußballspiel beginnt
dass der Kellner die Bestellung aufnimmt
dass das Essen kommt
dass wir bezahlen können
dass das Gehalt auf dem Konto ist
dass der Kredit abgezahlt ist
dass ich im Lotto gewinne
dass Frühstückspause ist
dass wir Mittag machen können
dass es Feierabend wird
dass es Morgen wird

dass der Abend kommt
dass das Wetter besser wird
dass die Klausuren geschrieben sind
dass das Semester zu Ende geht
dass das Wochenende beginnt
dass wir in Urlaub gehen können
dass wir wieder nach Hause kommen
dass es Frühling wird
dass der Sommer kommt
dass ich in Rente gehe
dass die Kinder groß sind

Ich warte darauf
dass ich leben werde
irgendwann irgendwo irgendwie
wenn das Teewasser gekocht hat
die Ampel auf grün geschaltet hat
es Freitagabend ist
der Urlaub da ist

Aber – worauf warten wir wirklich?

Der Zauber des Advents

Eigentlich mag ich sie sehr gerne, diese Wochen des Advents. Es sind für mich Tage voller Zauber, mit Kerzenlicht und Zimtsternen, den Rorate-Gottesdiensten und den altvertrauten Liedern, die von Sehnsucht und Verheißung erzählen. Ich liebe die Stunde am Abend am Adventskranz, wenn die zweite oder dritte Kerze brennt und ich »ganz altmodisch« Briefe und Karten per Hand schreibe – wenigstens einmal im Jahr! Und ein wenig Geheimnis gehört dazu, wenn ich Geschenke liebevoll aussuche oder selbst mache, wenn sie verpackt und irgendwo versteckt werden – mit allen Fantasien, wie der Beschenkte denn dreingucken wird, wenn er es auspackt! Im Advent wächst die Vorfreude auf das Weihnachtsfest.

Für mich sind diese Tage eine Mischung aus Zauber, Geheimnis, Zusage, Erinnerungen – und dazu gehören ganz bestimmte Gerüche, Rituale, Bilder. Manches macht den Advent einfach für mich aus – und ohne das kann es gar nicht so richtig Advent sein! Klar, da ist natürlich der Adventskranz mit richtig dicken Kerzen, damit sie auch jeden Tag brennen können! Da ist der Adventskalender, durchaus auch in neuerer Form, die Barbara-Zweige, der Geruch von Mandarinen, die Gottesdienste morgens um 6.30 Uhr und sogar der Duft des Glühweins – obwohl ich gar keinen Glühwein mag.

Und doch hängt für mich bei all diesem Zauber – und meiner Bereitschaft, mich »verzaubern« zu lassen!

– diesen Tagen zugleich etwas »Herbes« an. Davon erzählt auch die liturgische Farbe der Kirche in diesen Tagen, violett: Noch hat das Fest nicht begonnen, noch sind wir voller Sehnsucht und Erwartung, noch bitten und flehen wir um die Errettung, um die Hilfe! Noch sitzen wir mitten im Dunkeln – und warten auf das Licht, das uns zugesagt ist! Aber auch das mag ich an diesen Tagen: diesen herben Ton, den Klang der noch unerfüllten Sehnsucht …

Nur – das zu leben, ist fast unmöglich.

Vor einiger Zeit sah ich im August ein Werbeplakat, auf dem zwei Schachteln Zigaretten abgebildet waren mit einer rot-weißen Zipfelmütze drauf – und darüber stand triumphierend »Erster!« – ja, so weit sind wir inzwischen: Man muss im August anfangen, um »Erster« im Weihnachtsgeschäft zu sein! Denn im September stehen schon Christstollen und Spekulatius in den Geschäften, ab Oktober gibt es Bastelanleitungen für Weihnachtsgeschenke in den Frauenzeitschriften und ab November schließlich die »100 besten Geschenkideen«. Die »Weihnachtsmärkte« öffnen pünktlich am ersten Advent – und da kann man fast schon froh sein, wenn sie sich wenigstens an das Datum halten. In den Geschäften hört man ab Anfang Dezember nur noch »Jingle Bells« & Co., überall stehen einem Weihnachtsmänner im Weg, und Betriebe und Geschäfte blockieren mit ihren Weihnachtsfeiern den gesamten Dezember über die Restaurants. Schon in den ersten Dezembertagen wird man mit Weihnachtspost überflutet – und zwei Wochen später kommen die ersten elektronischen Weihnachtsgrüße dazu, die man ja so praktisch einfach mit Mausklick versenden kann. Zauber und Geheimnis? Sehnsucht und Erwartung? »Herb« und »wachsendes Licht«? Das können Sie im Advent in der Regel glatt vergessen! Ab dem ersten Advent wird Weihnachten gefeiert – und man vergisst dabei eine gute, alte Regel, nämlich: dass man Feste zwar gerne nachfeiern kann, aber nicht vorfeiern sollte. Aber Weihnachten nachfeiern? Das geht ja gar nicht: Die Tage zwischen den Jahren nutzt man für den Skiurlaub, macht ein paar Tage frei, hängt ein bisschen durch – und erholt sich von all dem Weihnachten, das im Advent schon war.

Schade um die Tage des Advents! Schade um diesen Zauber, der so entzaubert wird! Schade um den herben Klang, der mit einer kitschigen Süße übertüncht wird, von der man spätestens am zweiten Weihnachtsfeiertag wirklich genug hat. Schade um die Erwartungen, die in falsche Spuren gelenkt werden! Und wenn es schon im September Spekulatius gab, dann mag man am 29. Dezember garantiert keine mehr ...

Weihnachten braucht den Advent, um wirklich Weihnachten sein zu können! Es braucht die Tage der Dunkelheit, des bangen Hoffens, des Wartens, in der uns ein Stern aufgehen kann – und eben nicht eine komplette Weihnachtsbaumbeleuchtung! Tage, in denen wir uns innerlich auf einen Weg zu uns selbst und zu Gott machen – und uns nicht die Staus auf der Zufahrt zum Einkaufszentrum und den Stress um den besten Parkplatz zumuten. Weihnachten braucht eigentlich eine Zeit der »Ent-schleunigung«, um werden zu können – und nicht eine Zeit der »erhöhten

Aktivität«! Deshalb: Lasst uns bitte im Advent nicht schon Weihnachten feiern!

Denn Weihnachten ist eben nicht nur ein nettes Fest, an dem man schenkt und beschenkt wird – sondern die Botschaft dieses Festes ist radikal und existenziell: Gott wird Mensch! Gott kommt mitten hinein in unsere Erbärmlichkeit von Krankheit und Tod, Einsamkeit und Angst, er kommt mitten hinein in die Alltäglichkeit unseres alltäglichen Lebens, um uns Hoffnung zuzusagen, den Träumen Kraft zu geben, einen Stern aufleuchten zu lassen.

Welche Chance aber hat ein Stern bei der Illumination unserer Vorgärten und Innenstädte, die wir in diesen Tagen inszenieren? Die Heiligen Drei Könige würden heute wohl auch nicht bei der Krippe im Stall landen, sondern wahrscheinlich bei einem Fast-Food-Restaurant in einem Einkaufszentrum. Die Lichter unserer Welt führen zu den »Königen« unserer Zeit – welchen Namen sie auch immer tragen mögen. Aber das ist die falsche Adresse.

Dort kommt unser Gott nicht zur Welt, dort wird er nicht Mensch.

Er kommt in der Einsamkeit zur Welt, im Dunkel, in einem Stall, der vielleicht notdürftig von einer Laterne erhellt wird. Und da steht kein Weihnachtsbaum, da gibt es keinen Rentierschlitten mit Santa Claus und netten Päckchen und Paketen. Gott kommt zu den Armen und Zu-kurz-Gekommenen, er kommt dorthin, wo kein Licht leuchtet, dorthin, wo keine Feier ausgerichtet wird. Und interessant ist es ja schon, dass die Hirten, die Ärmsten der Armen, ihn finden – dass die Weisen aus dem Morgenland erst mal die falsche Adresse anlaufen – und Herodes, der ihn töten lassen will, vollkommen ins Leere läuft. Die Mächtigen dieser Erde suchen am falschen Ort.

Dort, wo sie suchen, findet die Rettung der Menschen nicht statt, findet auch ihre eigene Rettung nicht statt. Die Hoffnung und die Liebe wird an einem anderen Ort geboren.

Weihnachten ist nicht dort, wo die meisten Menschen es suchen. Weihnachten ist nicht dort, wo es am fröhlichsten und am lautesten ist. Weihnachten ist nicht dort, wo man das meiste Geld für Geschenke ausgibt.

Weihnachten kann nur in mir geschehen. In mir will Gott zur Welt kommen und Mensch werden. In mir soll all das Warten, die Sehnsucht, die Hoffnung Hand und Fuß bekommen. In mir will Gott Mensch werden – in meinem Stall des Lebens.

Ja, das ist wirklich ungeheuerlich. Und vielleicht ist gerade das so ungeheuerlich, dass wir es nicht zulassen wollen. Dass wir uns so in der Nettigkeit des Feierns verlieren, damit wir diese Radikalität nicht leben müssen.

Noch können wir den Schalter, zumindest für uns ganz persönlich, umlegen. Wenn wir es wirklich wollen, können wir all diesem Weihnachtstrubel ab dem 1. Dezember unseren ganz persönlichen Advent entgegensetzen. Das braucht gar nicht viel sein – eine erste Idee könnte vielleicht der Vorsatz sein, mir zehn Minuten Stille am Tag zu gönnen, vielleicht mit einem Text, einem Impuls. Das könnte sein, jeden Tag im Advent einen handgeschriebenen Gruß an einen meiner Freunde zu schreiben, sie kurz vor Weihnachten dann zur Post zu geben – und auf Weihnachtsgrüße per E-Mail zu verzichten. Das könnte heißen, die wunderbare Beleuchtung des Vorgartens wirklich erst zu Weihnachten zu installieren, sie dafür aber bis weit in den Januar leuchten zu lassen. Das könnte bedeuten, die CD mit den Weihnachtsliedern erst am Heiligabend zu spielen – und mal auf die Suche zu gehen, ob es eigentlich CDs mit Adventsliedern gibt, die von der Sehnsucht, dem Hoffen, dem Erwarten erzählen. Das könnte der Rorate-Gottesdienst sein, im Dunkeln nur bei Kerzenlicht gefeiert – und das könnte die gemütliche Plauschrunde bei einem Kaffee am Sonntagnachmittag sein.

Was uns über die Medien vermittelt wird: dass wir nämlich im Advent schon Weihnachten zu feiern haben, das werden wir nicht verhindern können. Aber das heißt noch lange nicht, dass wir alles mitmachen müssen. Wir können unseren eigenen adventlichen Kontrapunkt in all dem vorweihnachtlichen Trubel setzen und gestalten. Niemand muss sich den Advent entzaubern lassen.

Denn der Zauber des Advents macht Weihnachten erst möglich. ✍

Adventsmeditation 2

Aber – worauf warten wir wirklich?
dass mich einer anschaut
dass mir einer zuhört
dass einer mich meint
dass einer mich berührt
dass einer mich erkennt
dass mir einer gut will
dass ich einem wichtig bin
dass mich einer mag so wie ich bin
dass einer in meine Dunkelheit hereinkommt
dass einer hört, was ich nicht sage
dass einer sieht, was ich nicht sehen mag
dass mich einer versteht,
   auch wenn ich mich nicht verstehe
dass ich für jemanden ganz einzigartig bin
dass mich einer liebt,
   auch wenn ich mich nicht lieben kann
dass einer mit mir geht
dass mich einer nicht allein lässt
dass einer bei mir bleibt
dass ich einem vertrauen kann
dass ich mich einem geben kann
dass ich wirklich
lieben
kann
dass ich wirklich
leben
kann

Wie der hl. Andreas die Weihnachtsplätzchen erfunden hat

Der Nikolaus war unruhig. Kein Wunder, es war Mitte November und sein großer Tag rückte allmählich näher und näher. Aber das allein war es nicht, den Stress kannte er – aber was ihn wirklich beunruhigte und was ganz und gar ungewöhnlich war: Sein Geschenklieferant hatte die bestellten Waren noch nicht geliefert. Eigentlich war er die ganzen Jahre zuverlässig gewesen – und Nikolaus hatte auch gar keinen Grund zum Zweifel, dass seine Bestellung noch irgendwie rechtzeitig eintreffen würde – aber unruhig machte es ihn schon. Angenommen der Nikolaustag käme – und er hätte keine Geschenke, keine Teddys und Puppen, keine Eisenbahnen und Bücher. Nicht auszudenken – ein Nikolaustag ohne Geschenke!

Er hatte sich im Sommer mit dem Aussuchen viel Mühe gegeben – es war ja schon schwierig genug, mitten im Sommer an den 6. Dezember zu denken. Aber dann war er doch ganz zufrieden gewesen mit seiner Wahl: schönes Holzspielzeug, spannende Bücher, nette Plüschtiere – damit machte er den Menschen bestimmt viel Freude!

Aber – dazu musste er die Geschenke erst einmal haben. Bestellt hatte er rechtzeitig – und er hatte überhaupt keine Erklärung, warum die Firma dieses Jahr so spät lieferte. Er hatte schon mehrmals geschrieben – aber es kam keine Reaktion.

Täglich schaute er voller Hoffnung bei der Paketstelle vorbei. Aber der diensthabende Engel, dem Nikolaus seine Sorgen anvertraut hatte, musste ihn jeden Morgen neu enttäuschen: »Tut mir leid, aber es ist wieder nichts für dich dabei!«

So allmählich geriet der Nikolaus doch in Panik. Was, wenn der 6. Dezember käme – und er hätte keine Geschenke?

Plötzlich klingelte das Telefon. Nikolaus zögerte einen Moment, aber dann hob er doch den Hörer ab: »Hier ist der Nikolaus.« – »Und hier ist Andreas. Du, ich wollte dich nur rasch an das Fest bei mir am 30. November erinnern. Du kommst doch, oder?« Der Nikolaus seufzte unhörbar vor sich hin. Seit einiger Zeit hatte es sich im Himmel eingebürgert, dass jeder Heilige an dem Tag, wenn die Menschen seinen Namenstag auf der Erde feierten, im Himmel einen ausgab für alle Kollegen. Nikolaus hatte dem Brauch noch nie allzu viel abgewinnen können, denn an seinem Namenstag war er selbst so im Stress, dass er da nicht auch noch groß was für die Kollegen organisieren wollte und konnte – und außerdem war diese Umtrunksache in letzter Zeit irgendwie ziemlich ausgeartet, schließlich hatte an fast jedem Tag irgendeiner der Heiligen Namenstag, und nachdem mal einer angefangen hatte, alle einzuladen, fühlten sie sich natürlich wiederum verpflichtet.

Nikolaus hatte im Moment, weiß Gott, andere Sorgen. Was sollte er nur tun, wenn die Geschenke nicht rechtzeitig ankämen? Und verpackt werden mussten sie ja auch noch! Andererseits, schließlich war der hl.

Andreas sein Nachbar, da konnte Nikolaus schlecht Nein sagen. Er tröstete sich insgeheim, dass bis zum Fest ja noch ein paar Tage Zeit war. Vielleicht waren ja bis dahin die Geschenke angekommen – und er konnte dann in aller Ruhe mit Andreas und den anderen feiern. »Sag mal, bist du eigentlich noch dran?«, fragte Andreas' Stimme am anderen Ende der Leitung. Nikolaus zuckte zusammen, tatsächlich – er war so in Gedanken versunken gewesen, dass er ganz vergessen hatte, dass er den Telefonhörer in der Hand hielt und Andreas noch in der Leitung war. »Entschuldige, Andreas, aber ich war grad mit meinem Gedanken woanders!« – »Das hab ich gemerkt – also, du kommst doch zum Fest, oder?«, fragte Andreas beharrlich nach. »Ja, sicher doch«, sagte Nikolaus einlenkend, »und ich freu mich auch schon drauf!« Aber es klang, ehrlich gesagt, nicht so besonders begeistert.

Die Tage vergingen, aber die Geschenke wurden nicht geliefert. Nikolaus schickte Brief um Brief, versuchte in der Firma anzurufen – aber ohne Erfolg. Niemand antwortete auf seine Briefe, niemand nahm das Telefon ab – und die Geschenke wurden auch nicht geliefert. Seine Stimmungen wechselten rasch – er war zornig und wütend, ratlos und verunsichert, dann wieder hoffnungsvoll und optimistisch. Die Firma hatte ihn noch nie im Stich gelassen – und sie wussten doch auch, worum es bei diesem Auftrag ging.

Was aber, wenn doch das Schlimmste eintreffen würde? Ein Nikolaustag ohne Teddys und Puppen, ohne Eisenbahnen und Bücher? Er wagte gar nicht, es sich vorzustellen. Der Paketengel schaute immer

schon ganz mitfühlend, wenn Nikolaus wieder vorbeikam, und schüttelte inzwischen nur noch schweigend
den Kopf.

Schließlich war Nikolaus so verzweifelt, dass er Petrus um Hilfe bat. Er schilderte ihm die Situation und
fragte Petrus, ob er nicht mal einen Engel bei der Firma
vorbeischicken könnte, der nachschauen könnte, was
denn da möglicherweise los war.

Petrus kam der Bitte gerne nach, doch auch der Versuch hatte keinen Erfolg. Der Engel kehrte mit der Auskunft zurück, dass am Tor der Firma ein großes Schild
hing – »vorübergehend geschlossen« – und auf dem
ganzen Firmengelände kein Mensch zu sehen war …

Der Nikolaus war schlichtweg ratlos. Inzwischen
war es Ende November – und die Geschenke waren
nicht da. Und viel Hoffnung hatte er nicht mehr. Was
sollte er nur tun? Er konnte doch nicht einfach den Nikolaustag absagen, auf den sich die Menschen und vor
allem die Kinder so sehr freuten? Aber ein Nikolaustag
ohne Geschenke – das war auch nichts …

Und dazu war heute Abend noch das Fest bei Andreas. Er hatte überhaupt keine Lust darauf – aber
schließlich hatte er zugesagt. Und vielleicht würde ihn
das auf andere Gedanken bringen, auch wenn ihm gar
nicht nach Feiern zumute war.

Er trödelte am Abend noch lange herum, dann
hängte er sich schließlich seufzend seinen Mantel um.
Er wollte auf seinem Weg zu Andreas noch einmal
kurz bei der Paketstelle vorbeischauen, vielleicht …
obwohl, der Paketengel hatte versprochen, ihn umgehend zu informieren, wenn die Lieferung käme. Und

so war es dann auch – der Paketengel schaute ihn nur kurz an, zuckte mit den Achseln – und sortierte ganz rasch wieder seine Päckchen. Und der Nikolaus schlich mehr als er ging, mit hängenden Schultern, zur Wolke, auf der der hl. Andreas wohnte.

Andreas begrüßte ihn fröhlich – aber als er den Nikolaus anschaute, nahm er ihn und führte ihn ein bisschen abseits. »Was ist denn mit dir los?«, fragte er behutsam. Nikolaus zögerte einen Moment – er wollte Andreas schließlich sein Fest nicht verderben! –, aber dann brach es doch aus ihm hervor. »Die Geschenke für den Nikolaustag sind nicht geliefert worden! Und alle freuen sich darauf – und ich habe nichts, absolut nichts, was ich den Menschen als Geschenk bringen kann! Das geht doch nicht – und was soll ich nur machen … und …« Nikolaus schluchzte. Andreas horchte auf, er hatte den Nikolaus noch nie weinen gesehen – und wenn keine Geschenke für den Nikolaustag da waren, dann war das wirklich eine schlimme Sache. »Hast du dich denn mal mit der Firma in Verbindung gesetzt?« – »Ich hab alles probiert, da meldet sich niemand! Ach, Andreas, ich weiß nicht mehr, was ich tun soll!«

Andreas dachte einen Augenblick lang nach, dann sagte er: »Setz dich mal hier in die Ecke. Da sieht dich niemand, und du bist ungestört. Ich bring dir was zum Trinken vorbei – und nachher, wenn es hier ein bisschen ruhiger geworden ist, denken wir mal zusammen nach, was wir tun können.«

Andreas' ruhige, vermittelnde Art tat dem Nikolaus gut, und er ließ sich aufseufzend in die dunkle Wolkenecke fallen. Aber seine Gedanken kreisten immer wieder nur um das eine – und er fand und fand keinen Ausweg …

Später setzte sich Andreas zu ihm. »Also, du hast keine Geschenke für die Menschen am Nikolaustag?«, fasste er kurz die Situation zusammen. »Ja«, antwortete der Nikolaus – »und dabei hab ich so früh bestellt und so sorgfältig ausgesucht. Und die Firma hat mich noch nie im Stich gelassen!« – »Glaubst du dran, dass die noch liefern werden?« – So deutlich auf den Punkt gebracht, musste der Nikolaus sich selbst und Andreas zugestehen, dass er eigentlich nicht mehr daran glaubte. »Hm«, Andreas dachte nach, »gar nicht so einfach. Aber dann müssen wir eben irgendwas selbst machen, was wir den Menschen schenken können« – der Nikolaus schaute ihn vollkommen entgeistert an: »Wie meinst du das denn? Denkst du etwa an Laubsägearbeiten oder handgestrickte Socken oder so was?« – »Das sind zwar auch ganz nette Dinge, aber dafür haben wir wohl keine Zeit mehr«, erwiderte Andreas ungerührt. »Nein, ich denke an backen!« – »An backen?« Nikolaus war sich nicht so ganz sicher, ob er mit seinen Problemen von Andreas wirklich ernst genommen wurde. »Klar«, sagte Andreas, »denk doch mal nach, Nikolaus! Wenn wir nichts haben, was wir schenken können, müssen wir selbst was machen. Und was können wir hier im Himmel in so kurzer Zeit herstellen? Da bleibt nur backen – wir backen einfach die Geschenke!« – »Und wie stellst du dir das, bitte schön, vor?« Nikolaus war noch immer ziemlich überrascht. »Ganz einfach – Mehl haben wir hier oben ausreichend, der

Backofen in der Himmelsküche ist groß genug – und ausreichend Engel können wir notfalls auch organisieren. Zugegeben, bisher haben wir immer nur Manna gebacken – aber wenn man da noch ein paar Eier und Zucker zugibt und vielleicht noch Schokolade …« Andreas' Stimme klang plötzlich sehr genüsslich, und irgendwie bekam man das Gefühl, dass er schon lange davon geträumt hatte, aus dem himmlischen Manna noch ein bisschen mehr zu machen.

Als Nikolaus ihn ansah, keimte eine erste Hoffnung in ihm auf. »Und du meinst, wir sollen dann aus dem Teig Eisenbahnen und Bücher, Teddys und Puppen machen und so?«, fragte er vorsichtshalber noch mal nach. »Na ja – Eisenbahnen sind vielleicht ein bisschen schwierig zu formen – und es könnte sein, dass wir dazu nicht mehr die Zeit haben. Aber was hältst du denn von Herzen und Tannenbäumen und Engeln und Sternen? Das müssten wir doch eigentlich hinbekommen!«

Der Nikolaus begann zu hoffen. »Und du denkst, dass wir die Tannenbäume und Sterne dann einfach backen und den Menschen schenken?« Andreas nickte: »Ja, so könnte ich mir das denken!«

Nikolaus dachte nach und kam zu der Überzeugung, dass dies möglicherweise besser als gar nichts war. Also gut! Nur zwei Fragen quälten ihn noch: »Aber – woher willst du denn Zucker und Eier und Schokolade bekommen – und wer um alles in der Welt soll denn das alles machen?« Andreas lächelte: »Gar kein Problem, ich kenn da einen kleinen Jungen, der hat ein Pfund Zucker und sechs Eier und eine Tafel

Schokolade – mit dem könnt ich mal reden – und dann starten wir einen Arbeitsgroßeinsatz!« Nikolaus schwieg, leicht verwirrt. Er erinnerte sich dunkel, Andreas hatte schon einmal ein paar Fische und Brote vermittelt, die ein kleiner Junge mitbrachte. Er traute ihm in dem Bereich durchaus einiges zu. Aber ein Backgroßeinsatz im Himmel? Das hatte es noch nie gegeben …

Andreas nahm kurzerhand die Sache in die Hand. Er organisierte Engel und Heilige – wer nicht irgendwas absolut Dringendes zu tun hatte, wurde zur Backstube befohlen. Wie durch ein Wunder standen ausreichend Eier, Zucker und Schokolade bereit. Und dann entfachte sich ein Feuerwerk an Betriebsamkeit. Andreas hatte das Rezept groß auf eine Wand geschrieben, und in einer Ecke wurde fleißig der Teig angerührt. Die Schüsseln wanderten zur nächsten Wolke, wo die kräftigsten Engel und Heiligen dazu abgeordnet waren, den Teig dünn auszurollen. Dann wanderten die Teigplatten zur nächsten Station, wo einige künstlerisch begabte Engel daraus Tannenbäume und Herzen und Sterne schnitten – und einige machten sogar Kühe und Trauben und Lämmer. Die fertigen Figuren wanderten auf Backbleche, die dann wiederum von den Backengeln übernommen wurden. – Sie schoben sie in die Backöfen – und holten sie rechtzeitig wieder heraus, und nach einer Zeit der Abkühlung strich schließlich die Gruppe der Malerengel Schokoladenguss darauf – auch wenn sie heftig gegen den Missbrauch ihrer Fähigkeiten protestierten. Aber Andreas blieb hart – jetzt mussten alle zusammen helfen, damit der Nikolaustag gerettet war – da war keiner was Besseres. Er selbst war überall, half dort aus, wo es zu Engpässen kam – und sah nebenbei ab und an nach dem Nikolaus, den diese Betriebsamkeit vollkommen überrollt hatte.

Er saß in seiner Ecke, staunte nur noch und bedankte sich bei jedem einzelnen Engel und Heiligen, der an ihm vorbeikam – und hielt den ganzen Betrieb damit eher auf. Aber das bemerkte der Nikolaus gar nicht, er war so glücklich, dass der Nikolaustag gerettet war, dass er das auch jedem sagen wollte!

Andreas erkannte seine Situation – und gab ihm kurzerhand den Auftrag, eine Liste zusammenzustellen, wer wie viel Plätzchen bekommen sollte, damit die Engel, die mit dem Einpacken beauftragt waren, endlich anfangen konnten. Die konkrete Aufgabe tat dem Nikolaus gut – und so setzte er sich hin und schrieb Listen mit Namen und Zahlen und vergaß dabei vollkommen seine Verwirrung …

Im Himmel breitete sich ein wunderbarer Geruch aus. Beutel um Beutel mit aus Teig gebackenen Sternen und Tannenbäumen, Herzen und Engeln und ab und an einer Kuh und einer Lokomotive stapelten sich am Himmelstor. Nikolaus holte glückselig seinen Schlitten und die Rentiere hervor – und begann zu packen. Das hätte er nicht gedacht, dass er an diesem Nikolaustag den Menschen doch etwas würde schenken können!

Er fuhr mit seinem Schlitten und Tausenden gepackter Päckchen voller Weihnachtsplätzchen zur Erde – und als die Menschen am 6. Dezember morgens aufwachten, stand vor jeder Tür eine Tüte mit gebackenen Engeln und Sternen und ... – aber das wissen wir ja schon.

Die meisten waren neugierig und probierten die Plätzchen, und sie schmeckten ihnen ausgesprochen gut. Es gab nur wenige, die diese Botschaft nicht verstanden und den Büchern und Modelleisenbahnen hinterhertrauerten.

Tatsache ist, dass viele Menschen diese himmlische Idee übernahmen – und seitdem backen sie Weihnachtsplätzchen. Sie sind oft noch auf der Suche nach dem besten Rezept – aber an Weihnachtsplätzchen geht kein Weg mehr vorbei.

Im Himmel bestanden die Engel darauf, auch in den kommenden Jahren Weihnachtsplätzchen zu backen, auch wenn sie nur für den Eigenbedarf gedacht waren. Aber die Aktion hatte ihnen ziemlich viel Spaß gemacht – und das war ja mal was anderes, als immer nur Manna zu backen. Und auch sie wetteiferten um die originellsten Rezepte und Ideen.

Seit dem Jahr gibt es die Weihnachtsplätzchen – und man muss ehrlicherweise dazusagen, dass sie vom hl. Andreas erfunden wurden.

Ich persönlich bin ganz froh über diese Erfindung ...

Ungewöhnliche Annäherungen

Advent – das ist Bahnhof

Ja, Sie lesen vollkommen richtig. Advent hat etwas mit Bahnhof zu tun. Und falls Sie in diesen Tagen eine halbe Stunde Zeit übrig haben, dann gehen Sie einfach mal an einen etwas größeren Bahnhof – und schauen und hören Sie hin:

Menschen, die warten – dass ein Zug ankommt, ein Zug abfährt, manche ungeduldig, andere ganz gelassen. Da steht einer, der sich auf das Wiedersehen mit einem Freund freut; eine andere, müde und abgeschafft, will nur noch heim. Da wird Abschied genommen – und willkommen geheißen. Da bricht einer auf, und da kommt eine nach Hause.

Das ist Advent.

Warten. Ungeduldig oder gelassen – je nach Typ. Aber warten.

Auf die Abfahrt des Zuges – oder auf die Ankunft. Aber warten.

Ankommen oder abfahren.

Advent heißt: Da kommt was. Da ist uns was zugesagt. Da wird was geschehen.

Advent heißt: Die Sehnsucht wachsen lassen – die Sehnsucht aufzubrechen und die Sehnsucht anzukommen.

Ja, Sehnsucht kann wehtun. Warten, hoffen, vertrauen.

Sehnsucht muss wehtun.

Das ist Advent.

Wie sonst soll ich die Kraft bekommen, in meinem Leben etwas zu ändern?

Advent – das ist der kahle Zweig

Es kommt wohl nicht von ungefähr, dass man am 4. Dezember, am Gedenktag der heiligen Barbara, Zweige von früh blühenden Bäumen schneidet und sie ins warme Wasser stellt, damit sie an Weihnachten blühen.

Das ist Advent.

Das ist die Hoffnung wider alle Hoffnungslosigkeit, das Vertrauen in die Kraft des Lebens.

Selten sieht ein Baum »toter« aus als gerade in diesen Tagen, zumal wenn er vielleicht noch unter Schneebergen begraben, mit Eiszapfen verziert ist.

Und doch lebt in ihm das Leben, ist in ihm der Frühling und der Sommer verborgen. Da, wo wir Tod sehen, lebt das Leben. Da, wo wir nichts mehr erwarten, wartet eine Knospe darauf zu erblühen. Da, wo wir keinen Pfifferling mehr geben würden für das Leben, sammeln sich die Kräfte – um dann explosionsartig die Welt zu verzaubern und bunt anzumalen.

Das ist Advent.

In den Wurzeln die Kraft sammeln, um neu blühen zu können.

Advent heißt: sich auf die Wurzeln zurückbesinnen, um neu leben zu können.

Advent heißt: mich vom Außen ins Innen zurück-

ziehen – damit neue Blüten blühen können, wenn es
an der Zeit ist.

Das ist Advent.

Wollen Sie jetzt wirklich noch ins Einkaufszentrum?

Advent – das ist der »Gruß aus der Küche«

Vielleicht kennen Sie das aus guten Restaurants:
»Amuse gueule«, der kleine Gruß aus der Küche. Ein
kleines Appetithäppchen, ein bisschen Pastete, ein
»Probiererle« von der Terrine. Liebevoll vom Koch
komponiert, in keiner Speisekarte zu finden – um einfach Lust zu machen auf das Menü, das kommt.

Das ist Advent.

Advent will Lust machen auf das, was kommt. Er
will ein erster Vorgeschmack sein, ohne schon etwas
vorwegzunehmen. Er ist Verheißung – noch nicht die
Erfüllung.

Advent heißt: Geschmack finden an dem, was uns
zugesagt ist.

Advent muss nichts mit Verzichten zu tun haben
– im Gegenteil. Es geht darum, Geschmack zu finden
am Leben. Es geht darum, neu die Lust am Leben zu
lernen.

Advent heißt: Lust auf das bekommen, was kommen wird — »Leben in Fülle«!

Und »leben« kann man dabei durchaus kleinschrei-
ben – es geht eben nicht um eine Sache, sondern um
ein selber tun, ein Sein.

Es spricht überhaupt nichts dagegen, die Wochen des Advents als Training in Sachen Lebendigkeit zu verstehen …

Das ist Advent.

Übrigens: Woran würden Sie denn erkennen, dass Sie lebendig sind?

Advent – das ist Leuchtturm

Leuchttürme wirken ausgesprochen beruhigend. In steter Regelmäßigkeit blinken sie ihr Licht in das Dunkel hinaus.

Wer unterwegs ist, kann seine Position bestimmen – und wer zu Hause ist, weiß, dass da einer wacht.

Das ist Advent.

Mich am Licht neu ausrichten – und gewiss sein, dass einer da ist.

Aber ein Leuchtturm ist kein Hafen. Das Licht, das mir den Weg weist, das mir die Zusage gibt, dass da einer wacht, will nicht mein Angekommen-Sein, sondern meinen Aufbruch, mein Weitergehen.

Das ist Advent.

Ein Licht im Dunkel, das mir den Weg weist, das mir sagt, da gibt es einen, der Wache hält. Weihnachten heißt nicht, angekommen zu sein, sondern neu aufzubrechen – weil es ein Licht gibt, das mir den Weg weist.

Das ist Advent – dieses Licht und seine Botschaft wahrzunehmen. Und sich für den Aufbruch bereit zu machen. Wohin möchten Sie gehen? ✍

Viel
Leicht

Eine Verheißung
in den Ohren
einen Stern
vor Augen
meine Gaben
in den Händen

mache ich mich auf

den Weg

und weiß nicht

wo ich ankommen werde

Adventsmeditation 3

warten darauf
dass ich wirklich
leben
kann

und in all mein Warten
in all meine Sehnsucht
in all mein Hoffen
in all mein Bangen
in all meine Verlorenheit
in all mein Dunkel
in all mein Fragen
in all meine Ängste
in all meine Leere
in all meine Oberflächlichkeit
in all meine Vordergründigkeit

kommt einer

da kommt einer
der mich meint
der mich anschaut
der mich kennt
der mir gut will
der mir traut
der mich liebt
so wie ich bin

er kommt
nicht mit Pauken und Trompeten
nicht laut sondern ganz leise
nicht groß sondern ganz klein
und er fordert nicht
sondern lädt ein
und er nimmt nicht
sondern er gibt
und er hat keine Erwartungen
sondern lässt mich sein
und er traut mir
und hält mich
und birgt mich
und lässt mich

Wie ist denn Ihr Advent in diesem Jahr?

Welchen Namen würden Sie ihm geben?

Und – hat Ihr Advent eine Farbe? Vielleicht klassisch rot-grün? Oder doch eher stilvoll in Silberweiß? Vielleicht sogar modern: braun-orange-gold? Welche Farbe würden Sie Ihrem Advent in diesem Jahr geben?

Und wie schmeckt Ihr Advent in diesem Jahr? Wie Vollmilchschokolade – oder doch eher zartbitter? Auf der Zunge schmelzend oder ein wenig kernig?

Wenn Sie mich fragen: Meine Farbe des Advents ist das Grau – und ich denke, der Advent sollte eher herb schmecken als süß.

Nein, keine Sorge, ich will Ihnen nicht Ihre Stimmung verderben. Aber ist Advent wirklich zart und silber-weiß? Ist Advent wirklich schon der erleuchtete Weihnachtsbaum am Eingang des alten Friedhofs? Ist Advent wirklich das, worüber die Zeitungen berichten: Weihnachtsfeiern und die Besucherzahlen im Einkaufszentrum, der beigelegte Geschenkeprospekt und die E-Mail mit der Überschrift: »Verschenken Sie Urlaub!«?

Advent ist das, was wir daraus machen. Und wir können nur aus dem etwas machen, was wir haben und was wir sind.

Der Advent will uns eigentlich grad keine Scheinwelt vorgaukeln, sondern nimmt uns ernst. Und eigentlich nimmt er uns todernst. Denn der Advent hat etwas mit meinem Leben zu tun.

Deshalb haben durchaus auch die dunklen Seiten meines Lebens in diesen Tagen ihren Platz, ihren Ort, ihre Zeit: meine Traurigkeit und mein Verloren-Sein, meine Einsamkeit und meine Krankheit, und auch der Tod. Advent ist nicht nur nett und lieblich und Glühweinduft und Weihnachtsplätzchen. Advent heißt auch, dieses Dunkel wahrnehmen, annehmen, leben, all die großen und kleinen Tode, die Sorgen, die Verzweiflung, die Fragen, die Einsamkeit.

Ihnen einen Raum, einen Namen geben.

Dann, und nur dann kann in mir die Sehnsucht wachsen, eine Sehnsucht, die daran glaubt, dass es etwas gibt, ja geben muss, das mehr ist. Eine Sehnsucht, die sich nicht zufriedengibt mit dem, was ist. Sehnsucht kann nur wachsen aus einem Dunkel heraus, aus einem Hunger, einem Durst, einem Verlangen. Und genau davon erzählen die alten Texte des Advents: »Tauet, Himmel, den Gerechten, Wolken, regnet ihn herab!« (vgl. Jesaja 45,8). Davon erzählen die alten Bilder, wenn Schwerter zu Pflugscharen umgeschmiedet werden, die Völker sich zum Festmahl auf dem Berg des Herrn versammeln (vgl. Jesaja 2,2 – 4). Das ist Advent – sich nicht zufriedengeben mit dem, was ist: Ich muss meinen Hunger zulassen, meine Einsamkeit, mein Dunkel – und sie beim Namen nennen.

Ja, das kann wehtun. Es ist schmerzhaft, mir meinen Mangel einzugestehen, das, worunter ich leide. Es fällt schwer, mich meiner eigenen Bedürftigkeit zu stellen, meinen Grenzen, meiner Ohnmacht. Aber der Weg geht nicht um das Dunkel herum, sondern mittendurch – mit allen Tränen, allen Ängsten. Es geht eben nicht darum, das Dunkel damit zu vertreiben, dass ich alle möglichen Lichter anzünde. Es geht nicht darum, diese Sehnsucht nach etwas anderem im Geschenkpapier zu ersticken. Es geht darum, meine Sehnsucht wachsen zu lassen.

Und es gibt etwas, wohin diese Sehnsucht wachsen kann. Es gibt eine Verheißung, eine Zusage: »Das Volk, das im Dunklen sitzt, sieht ein helles Licht!« (Jesaja 9,1). Da leuchtet etwas in mein Dunkel hinein. Da hat einer ein Licht angezündet, eine kleine Flamme, flackernd, zögernd – aber es leuchtet. Es nimmt das Dunkel nicht weg – und doch ist da auf einmal ein Lichtpunkt.

Mitten in meinem Dunkel strahlt ein Licht auf. Und wenn wir auf dieses Licht zugehen, dann ergibt sich ein Weg, Schritt für Schritt.

Deshalb ist der Advent nicht schwarz, sondern grau – so wie die Dämmerung des frühen Morgens. Das Dunkel der Nacht beginnt sich zu lichten. Weil einer eine Kerze anzündet. Weil einer seinen Träumen traut. Weil einer das Leben wagt – allen Toden zum Trotz. Weil einer aufbricht, aus dem Dunkel heraus, dem Licht entgegen.

Ja, der Advent ist grau und herb. So wie es unser menschliches Leben oft genug auch ist. Und ich spreche da von mir, von dir, von Ihnen. Der Advent nimmt genau das ernst. Und doch ist da ein Licht, eine Verheißung, eine Zusage. Da ist ein Gott, der all unser Dunkel sieht – und der selbst als Licht in dieses Dunkel hineinkommt.

Ein kleines Kind nimmt es auf mit dem Dunkel dieser Welt. Das ist Weihnachten.

Ein kleines Kind gibt sich nicht zufrieden mit dem, was ist. Das ist Weihnachten.

Ein kleines Kind sprengt die Grenzen, in denen wir uns eingerichtet haben. Das ist Weihnachten.

Weihnachten ist die Zusage: Es muss nichts so bleiben, wie es ist. Alles kann anders sein – wenn du deiner Sehnsucht glaubst, wenn du deinem Dunkel traust, wenn du dich nicht zufriedengibst, wenn du neu aufbrichst.

Denn leben ist mehr, unsagbar viel mehr.

Leben – das heißt, sich hinauszuwagen auf das weite, offene Meer, sich dem Wind anzuvertrauen, sich an den Sternen zu orientieren. Leben, das heißt den Mut zu haben, die Enge, die Angst hinter mir zu lassen. Leben, das heißt, neu zu vertrauen, sich zu wagen, sich aufzumachen. Leben, das heißt, den Weg zu suchen, der nur von mir gegangen werden kann. Und ihn dann auch zu gehen.

Dazu sind wir eingeladen. Und diese Einladung heißt Advent.

Deshalb ist der Advent todernst – weil er das Leben ernst nimmt. Deshalb schmeckt der Advent herb, weil er aus falschen Sicherheiten aufschreckt, indem er zum Aufbruch einlädt. Deshalb ist der Advent grau, weil er aus dem Dunkel der Nacht in den neuen Morgen hineinführt.

Aber bei aller Herbheit wohnt diesen Tagen ein eigener Zauber inne, der sich wie ein goldener Schimmer darüberlegt. Das Licht aus der Krippe strahlt schon in mein Dunkel hinein. Da gibt es eine unbekannte Melodie, die neu aufhorchen lässt. Da gibt es Träume, die noch nie geträumt wurden. Da gibt es eine Verheißung, die mir zugesagt ist. »Denn ein Kind ist uns geboren – ein Sohn ist uns geschenkt!« (Jesaja 9,6).

Damit aber bleibt nichts mehr so, wie es war und ist – sondern es kann und wird so werden, wie es sein soll.

Das ist die Einladung des Advents. Und es ist Ihre Entscheidung, was Sie mit dieser Einladung tun. Sie können natürlich alles genauso wie letztes Jahr machen – damit alles so bleibt, wie es ist. Aber möchten Sie das wirklich? ∾

Dunkler Advent

die Diagnose des Arztes
Krebs
Chemotherapie
Intensivstation
Lungenembolie
plötzlicher Unfalltod

fragen
und schreien
und klagen
und protestieren

warum???

und
keine Antworten

und Gott
schweigt

und
mein Schrei
verstummt

und
mein Klagen
bricht

und
da wird
ein Gott

Mensch

und gibt sich
in Dunkel
Klage
und Schrei

und
nimmt all das
auf sich
und wird Kind

und mitten im Dunkel
geht ein Stern auf
ein Licht erstrahlt
eine Hoffnung lebt

und
es
beginnt

Weihnachten

Adventsmeditation 4

und im Dunkel
entflammt sich ein Licht
in der Orientierungslosigkeit
zeigt sich ein Weg
in meinem Gefangen-Sein
öffnet sich eine Tür
in meine Trostlosigkeit
kommt ein Traum
in meine Angst
ein beruhigendes Wort
in meine Unsicherheit
ein bergender Flügel
in mein Stolpern
ein stützender Arm
in meine Kraftlosigkeit
neues Leben
in meine Mutlosigkeit
neue Hoffnung

und es beginnt
in einem Stall
in einer Krippe
mit einem kleinen Kind

leise
sanft
zart
unaufdringlich

sich gebend
sich schenkend
einladend
lächelnd

und das Kind
breitet weit
seine Arme aus

für
mich

Maria – Schwester im Glauben

Eine Weggefährtin durch die Tage des Advents ist Maria, die junge Frau, die zur Mutter Gottes wird, die den Mensch gewordenen Gott zur Welt bringt. Und ich denke, wir können etwas von ihr lernen, von ihr als Frau, von ihr als Mensch, die sich Gott bedingungslos gegeben hat. Von der Frau, die das Göttliche in sich getragen hat – und doch Mensch war.

Mit Maria hat es angefangen. Angenommen, Maria wäre damals Vorsitzende des Pfarrgemeinderates gewesen oder pastorale Mitarbeiterin – dann wäre sie mit hoher Wahrscheinlichkeit nicht da gewesen, als der Erzengel Gabriel kam, um ihr die überraschende Botschaft zu verkünden. Sie wäre vermutlich bei einer Konferenz, dem Treffen einer Arbeitsgruppe oder mit der Vorbereitung des Basars beschäftigt gewesen. Zum Glück war Maria damals nicht unterwegs – wer weiß, ob Gott sonst zur Welt gekommen wäre.

Man muss zu Hause sein, wenn Gott zur Welt kommen will. Und das meint jetzt nicht nur konkret eine Wohnung oder ein Haus, sondern ist die spannende Frage, ob ich »in mir zu Hause« bin. Bin ich »in mir« oder »außer mir«? Bin ich vertraut mit mir – oder bin ich mir selbst fremd geworden? Habe ich mich selbst im Trubel der Adventswochen verloren, weil ja so viel vorzubereiten und zu besorgen ist? Angenommen, der Engel würde zu mir kommen in diesen Wochen – hätte ich überhaupt Zeit für ihn? Würde ich seine leise

Stimme inmitten von »Jingle bells« und »O du fröhliche« denn hören?

Das Weihnachtsfest wird kommen – aber es wird nur dann in mir geschehen, wenn ich »in mir zu Hause« bin. Und dann macht es sogar nichts, wenn ich irgendwo »unterwegs« bin.

Noch haben wir ein paar Tage Zeit. Also: Gib dem Engel eine Chance – noch ist es nicht zu spät dafür!

Von Maria zu lernen …

Mit einem Engel hatte Maria bestimmt nicht gerechnet – und ganz sicher nicht mit solch einer Botschaft. Und doch – sie ließ sich überraschen, war offen für das ganz Andere und Neue, was da auf sie zukam. Sie ließ sich ihre Pläne durchkreuzen und stellte sich in den Dienst Gottes.

Natürlich hätte sie damals den Satz sagen können, den man in vielen Gemeinden heute immer wieder hört: »Das haben wir aber noch nie so gemacht!« – und sie hätte damit sogar durchaus recht gehabt. Stattdessen ist sie mutig und couragiert den Weg gegangen, den Gott mit ihr gehen wollte – auch wenn sie nicht wusste, wohin er sie führen würde.

Und Maria blieb da. Sie blieb treu, auch wenn sie ihren Sohn oft genug nicht verstanden haben mag – und sie blieb auch dann da, als es wehtat dazubleiben, bis unters Kreuz.

Bin ich für Gott da – oder erwarte ich, dass Gott für mich da ist?

Von Maria zu lernen …

Eigentlich ist es »ungeheuerlich«, was Gott von Maria erwartet und verlangt. Sie, die Jungfrau, soll ein Kind zur Welt bringen! Und nicht nur »irgendein« Kind – sondern den Sohn Gottes! Maria, die junge Frau, fragt vollkommen zu Recht: »Wie soll das geschehen?« Aber ob die etwas seltsame Antwort des Engels all ihre Zweifel ausgeräumt haben mag? »Die Kraft des Höchsten wird dich überschatten …« Was soll man mit so einer Aussage anfangen? Und doch sagt Maria ganz einfach: »Mir geschehe, wie du es gesagt hast!« – sie fragt nicht noch einmal nach, sie verlangt keine Erklärungen, keine Beweise, sie fängt nicht an zu diskutieren. Das ist Glauben – »Ja« sagen allen Zweifeln zum Trotz. Glauben fängt nicht erst dann an, wenn ich alles weiß, alles verstanden habe. Die Zweifel gehören zum Glauben dazu. Wenn ich mit meinem »Ja« warte, bis ich alles weiß, werde ich nie »Ja« sagen. Und das gilt für das Eheversprechen genauso wie für meine Beziehung zu Gott. *Dom Hélder Câmara*, ein brasilianischer Erzbischof, hat es so gesagt: »Die Hoffnung, die das Risiko scheut, ist keine Hoffnung … Hoffen heißt, an das Abenteuer der Liebe glauben, Vertrauen zu den Menschen haben und sich ganz Gott überlassen.« Glauben und lieben heißt, den Sprung zu wagen, aus einem Vertrauen heraus, mit all meinen Zweifeln, ins Nicht-Erklärbare hinein.

Bin ich bereit, diesen Sprung zu wagen?

Von Maria zu lernen …

Ein Wesensmerkmal von Gott ist seine Unbegreiflichkeit. Und das ist auch richtig so. Wenn wir Gott begreifen könnten, dann würde er in unser Denken hineinpassen – aber dann wäre Gott kleiner als ich. Was wäre das für ein Gott, der kleiner ist als ich? An so einen Gott möchte ich nicht glauben. Der Gott, an den ich glauben möchte, möge bitte größer sein als ich und größer sein als mein Denken. Damit aber wird er sich immer meinem Denken und Begreifen entziehen. Auch Maria hat damals vieles nicht verstanden, zum Beispiel, was die Hirten erzählten, was ihnen über das Kind in der Krippe gesagt worden war. Oder als sie damals Jesus im Tempel wiederfanden und er seinen Eltern auf ihre Vorwürfe hin nur sagte: »Wusstet ihr nicht, dass ich in dem sein muss, was meines Vaters ist?« – wie soll man das auch verstehen? An beiden Stellen steht in der Bibel ausdrücklich, dass Maria all das in ihrem Herzen bewahrte und darüber nachdachte (Lukas 2,19.51). Sie be- und verurteilt nicht, was sie da erlebt. Sie sortiert es nicht wegen Unbegreiflichkeit aus, sie analysiert es nicht, sie wehrt sich nicht gegen die Erfahrung. Eines Tages wird sie erkennen und verstehen – und bis dahin hebt sie es sozusagen in ihrem Herzen auf, dem Ort der Liebe, des Vertrauens. Im Herzen aufbewahren – in der Hoffnung, dass sich eines Tages ein Sinn ergibt, dass eines Tages alle Fragen überflüssig werden, dass sich eines Tages ein begreifendes Ahnen ergeben mag. Vielleicht könnte das ein Weg sein, der auch uns im Leben hilft? Das, was wir nicht verstehen, erst einmal im Herzen zu bewahren – voller Hoffnung, Vertrauen und Liebe?

Von Maria zu lernen …

Nein, Maria ist nicht die »Übergöttin«. Sie ist ein Mensch und hat in einzigartiger Weise ihre Verbundenheit mit Gott gelebt – mit all dem, was unser Mensch-Sein auch ausmacht: konfrontiert mit allen Zweifeln des Glaubens, der Unbegreiflichkeit unseres Lebens – und doch da sein, da bleiben, mitgehen, den Sprung wagen. Sie hat all das erlebt, was menschenmöglich ist. Deshalb ist sie uns Menschen so nah. Und gleichzeitig war und ist sie in einer Weise Gott verbunden, wie es kein Mensch vor ihr und nach ihr war. Deshalb ist sie Gott so nah.

Ein altes Bild beschreibt Maria als »Pforte« – und das ist eigentlich ein sehr schönes und sprechendes Bild genau dafür: Durch sie kommt Gott zu uns Menschen – und wir Menschen kommen vielleicht durch sie ein wenig näher zu diesem unbegreiflichen Gott, wenn wir bereit sind, von ihr zu lernen.

Maria ist unsere Schwester im Glauben.

Das ist die Chance.

Aber auch zu Schwestern gibt es ja sehr unterschiedliche Formen von Beziehungen. Mit der einen Schwester kann man gut zusammensitzen und über Gott und die Welt palavern – und dann wieder ist die »große Schwester« irgendwo weit weg, und es reicht vollkommen zu wissen, dass sie da ist, wenn man sie braucht. Und manchmal kommt man gar nicht so recht mit einer Schwester klar. All das darf sein.

So, wie man zu Schwestern (und Brüdern!) ganz unterschiedliche Formen der Beziehung haben kann, so dürfen wir auch zu Maria unsere ganz eigene Beziehung haben – sei sie nun sehr eng und nah – oder eben eher distanziert und fern.

Sie bleibt unsere Schwester im Glauben – und wer weiß: Manchmal, so auf die alten Tage, kann man sogar Schwestern irgendwie neu entdecken. ∽

Sich unterbrechen lassen,
um sich zu erinnern

Es gibt eine alte Gebetstradition in der Kirche, die die Menschwerdung Gottes aus der Jungfrau Maria zum Gegenstand hat, der *Angelus* (lateinisch für »Engel«) oder »Der Engel des Herrn«. Meistens wird dieses Gebet morgens um sechs Uhr, mittags um zwölf Uhr und abends um 18 Uhr gebetet, und durch entsprechendes Anschlagen und Läuten der Kirchenglocken wird darauf aufmerksam gemacht. Der Text lautet:

> *Der Engel des Herrn brachte Maria die Botschaft –*
> *und sie empfing vom Heiligen Geist.*
> *Maria sprach: Siehe, ich bin die Magd des Herrn –*
> *mir geschehe nach deinem Wort.*
> *Und das Wort ist Fleisch geworden –*
> *und hat unter uns gewohnt.*

Nach jeder Textzeile wird ein »Gegrüßet seist du, Maria« gebetet. Zugegeben, meine katholische Sozialisation fand ohne den Angelus statt … Kein Wunder, wenn man in einer Großstadt aufwächst, wo das Mittagsgeläut der Kirchen für mich, wenn ich es überhaupt hörte, einfach bedeutete, dass es zwölf Uhr und damit bald Zeit fürs Mittagessen war.

Später begegnete ich diesem Gebet ab und an mal, wenn ich zum Beispiel in einem Priesterseminar als Referentin arbeitete oder auch im Tagungshaus einer Ordensgemeinschaft. Da war es dann das Tischgebet vor dem Mittagessen, das einfach dazugehörte. Man stand schweigend hinter seinem Stuhl am Tisch, wartete, bis alle da waren, dann wurde konzentriert laut gebetet. Danach Stühlerücken, Löffelklappern, Gespräche. Jetzt wurde es lebendig!

Meinen persönlichen Zugang zum Angelus habe ich eigentlich erst in Südafrika entdeckt. Vor einiger Zeit arbeitete ich dort ehrenamtlich bei den Missionsschwestern vom Kostbaren Blut in Mariannhill mit und durfte die Gottesdienste mit den Schwestern mitfeiern und mit ihnen zusammen im Konvent essen. Das Mittagessen gab es von halb zwölf bis um halb eins, man bediente sich selbst, und jede Schwester konnte kommen und gehen, wie es am besten in ihren Zeitplan passte. Bei über fünfzig Schwestern, die an ganz verschiedenen Orten arbeiten, durchaus praktisch gedacht.

Aber die ersten Tage, als ich dort war, wunderte ich mich schon ein wenig. Um zwölf Uhr wurde eine Glocke in dem alten Kirchturm dreimal angeschlagen – und alle Schwestern im Speisesaal hielten inne, legten den Löffel hin, unterbrachen ihre Unterhaltung mitten im Satz oder blieben mit dem Teller in der Hand vor den Kartoffeln stehen. Stille. Noch drei Glockenschläge – Stille. Und dann noch mal drei Glockenschläge, die dann in ein Geläut übergingen ... und dann fingen allmählich alle wieder an, sich zu bewegen. Der Löffel wurde wieder in die Hand genommen, die Kartoffeln wurden geschöpft, langsam setzte die Unterhaltung wieder ein.

Und in der Zeit dazwischen hatte jede Schwester still den Angelus gebetet.

Aus meiner Verblüffung wurde ein Mittun – und aus dem Mittun erschloss sich mir allmählich die wunderschöne Bedeutung dieses Zeichens: Mitten in all meinem Tun lasse ich mich unterbrechen. Ich suche mir den Moment nicht aus, aber ich bin bereit, mich unterbrechen zu lassen. Der »Engel des Herrn« kommt nicht unbedingt, wenn es mir passt, sondern wenn es dafür an der Zeit ist. Er fragt nicht, ob das, was ich tue, grad wichtig oder unwichtig ist – er unterbricht. Auch mit Maria hat der Engel damals keinen Termin vereinbart, an dem sie zufällig Zeit für seine Botschaft hatte – er hat ihren Alltag unterbrochen. Und Maria ließ sich unterbrechen, hörte zu – und gab Antwort. So fing es an, damals, als Gott zur Welt kommen wollte.

Gott will immer noch zur Welt kommen, zu den Menschen, heute und immer wieder. Dazu aber braucht er Menschen, die sich unterbrechen lassen – und die zur Antwort bereit sind. Und dieser kurze Moment, als ich im Speisesaal der Schwestern stand, meinen Teller in der Hand, plötzlich gestoppt auf meinem Weg zu den Kartoffeln, zu meinen vermeintlichen Wichtigkeiten, wollte mich genau daran erinnern. Sich unterbrechen lassen, um sich zu erinnern … und um mich zu fragen, wie meine Antwort auf Gottes Anfrage lautet.

Damit Gott zur Welt kommen kann. ༄

Adventsmeditation 5

vielleicht
ist Weihnachten
ganz einfach
vielleicht
ist Weihnachten
ganz anders
vielleicht
ist Weihnachten
gar nicht so groß
und spektakulär
vielleicht
ist Weihnachten
weder Geschenkelisten
noch zu erledigende Weihnachtspost
nicht die Suche nach einem Parkplatz
 im Einkaufszentrum
und nicht das Schlangestehen an der Kasse
 im Supermarkt
nicht die Weihnachtsfeier am 13. Dezember
und nicht die obligatorischen Verwandtenbesuche
nicht das große Festessen
und das Geschenke-Auspacken

vielleicht
ist Weihnachten
ganz einfach

eine Kerze in der Dunkelheit
ein grüner Zweig
ein gutes Wort
eine Umarmung
ein Brief
ein Anruf
ein Blick

ich sehe dich
ich höre dir zu
ich meine dich
du bist mir wichtig
ich halte dich
ich bin bei dir

es ist der Moment der Begegnung
der Moment des Berührt-Seins

der Moment des Angenommen-Seins
der Moment der Verbundenheit

Weihnachten
einfach da sein
ohne Erwartungen
ohne Zweck
einfach sein
jetzt

Von der Gebrochenheit
zum Heil

Mitten in der Adventszeit, am 8. Dezember, feiert die katholische Kirche ein Marienfest, das Hochfest der ohne Erbsünde empfangenen Jungfrau und Gottesmutter Maria. Zugegeben, kein einfaches Fest, sondern ein Fest, das Fragen aufwirft: Was ist das eigentlich: »Erbsünde«? »Sünde« ist doch etwas, das an das Handeln eines einzelnen Menschen gebunden ist – wie soll das dann aber vererbbar sein? Andererseits: »Erbe« deutet wiederum auf etwas Verbindendes, Gemeinsames hin – kann man denn »gemeinsam sündigen«?

»Erbsünde« könnte heißen: Es gibt eine Grundgebrochenheit in uns Menschen, die uns allen miteinander zu eigen ist. Wir sind nicht Gott, wir sind Menschen – wir werden uns immer wieder verfehlen, werden unser Ziel nicht erreichen. Da ist ein Mangel, der uns von der Vollkommenheit trennt, dem »Ganzsein«. Wir sind nicht »ganz«, wir sind nicht »heil«, sondern in uns ist eine »Gebrochenheit«. In uns lebt auch das Böse, in uns und mit uns lebt auch der Tod, das »Nicht-Leben«. Mit diesem »Vermächtnis« müssen wir leben lernen.

Der Gegensatz dazu ist das »Heil-Sein«: ein innerer Zustand, der das Böse, den Tod kennt – und der all das doch überwindet. Ein Zustand, in dem ich all das integrieren kann, weil ich auf eine Macht, eine Kraft vertraue, die größer ist als all die Gebrochenheit.

Ich glaube, darum geht es bei diesem Fest: um das Heil- und das Gebrochen-Sein. In Maria hat die Gebrochenheit keinen Platz gehabt. Sie war so mit ganzem Herzen, mit ganzer Seele, mit ganzer Kraft auf den Herrn und auf das Leben ausgerichtet, dass sie sich gibt, ganz und gar ihm hingibt. Und zugleich ist sie so sehr Mensch, dass sie um diese Gebrochenheit weiß, uns in unserer Gebrochenheit annehmen und anhören kann.

Maria ist ein Mensch, der »heil« ist, so stimmig im Miteinander mit diesem Gott, dass es in ihr diese Gebrochenheit nicht mehr gibt, keine Trennung, kein Neben- oder gar Gegeneinander, sondern in ihr mündet all dies in ein unendliches Miteinander von Gott und Mensch.

Gerade deshalb gehört dieses Fest in die Adventszeit: um uns zu zeigen, was möglich ist ... ✍

Was sollen wir tun?

Johannes der Täufer redete zu den Volksscharen,
die hinausgekommen waren, um sich von ihm taufen
zu lassen. Da fragten ihn die Volksscharen: Was sollen
wir also tun? Er antwortete ihnen: Wer zwei Röcke hat,
gebe (einen) dem, der keinen hat, und wer zu essen hat,
handle ebenso. Es kamen auch Zöllner, um sich taufen
zu lassen, und sagten zu ihm: Meister, was sollen wir
tun? Er sagte zu ihnen: Fordert nicht mehr, als euch festgesetzt ist. Es fragten ihn aber auch Soldaten: Was sollen
denn wir tun? Und er sagte zu ihnen: Begeht gegen
niemand Gewalttat und Erpressung,
seid zufrieden mit eurem Sold!

LUKAS 3,7a.10-14

Dreimal die gleiche Frage an Johannes den Täufer:
»Was sollen wir tun?« – und drei verschiedene Antworten! Da kommt schon etwas Ratlosigkeit auf: Ja,
was sollen wir denn nun wirklich tun? Und wenn wir
diese Frage ernsthaft stellen würden, dann bekämen
wir wahrscheinlich eine vierte und noch mal ganz andere Antwort.

Es gibt keine allgemeingültigen Aussagen zu dieser
Frage, was wir tun sollen, sondern die Antwort rich-
tet sich nach dem, der fragt. Die Soldaten sollen niemanden misshandeln; die Zöllner sollen nicht mehr
verlangen, als festgesetzt ist; und wer von den Leuten
zwei Gewänder hat, soll dem eines abgeben, der kei-
nes hat.

Das, was mein Nachbar tun soll, muss nicht das Gleiche sein wie das, was ich tun soll. Zugegeben, das vereitelt so manche Ausreden: »Der hat doch aber auch ...!« gilt dann nicht mehr. Und es erfordert ein wenig Fantasie: »Was ist denn das, was gerade ich tun soll?«

Aber es ist auch ein befreiender Gedanke: Von mir wird nichts erwartet, was ich nicht geben oder tun kann. Wir Menschen sind unterschiedlich, wir haben verschiedene Möglichkeiten, Begabungen, Fähigkeiten. Ich muss nicht auf die anderen schielen und auf die tollen Dinge, die sie machen oder hergeben können – es reicht vollkommen aus, wenn ich »meines« tue.

Vielleicht kann gerade das ein adventlicher Gedanke sein: Ich muss nicht über meine Möglichkeiten leben. Ich muss nicht das tun, was andere tun. Und vielleicht heißt die Frage in diesen Tagen tatsächlich nicht: »Was muss ich alles noch tun?«, sondern: »Was sollte ich eigentlich tun?«

Wenn ich aber auf diese Frage wirklich eine Antwort hören möchte, dann kann es sein, dass ich ein bisschen »Wüste« brauche, ein wenig Stille, ein wenig Kargheit, ein wenig Dunkel.

Das ist Advent.

Und Weihnachten ist eigentlich erst am 25. Dezember.

Adventsmeditation 6

Weihnachten
einfach da sein
ohne Erwartungen
ohne Zweck
einfach sein
jetzt

weil mich einer annimmt
weil sich mir einer schenkt
weil mich einer berührt
weil mich einer einlädt
weil mich einer anlächelt

ein Kind
das weit seine Arme
ausbreitet
das darauf wartet
dass ich komme
ein Kind
das sich nicht aufdrängt
ganz leise
sanft
und unscheinbar

sich gebend
sich schenkend
einladend
lächelnd

und dieses Kind
ist da
für mich
und ich muss
gar nichts tun

außer: mich geben
mich hingeben
mich in seine Liebe hineingeben

ich brauche nicht mehr zu warten
das Kind ist längst da
Gott ist da
Er ist angekommen in dieser Welt
Er hat den Himmel auf die Erde gebracht
und damit fängt es an
fängt es neu an
wir brauchen nicht mehr zu warten
es hat schon längst angefangen
das ist
Weihnachten

Durch alle Mauern hindurch

Da rief Johannes zwei seiner Jünger zu sich und
sandte sie zum Herrn mit der Frage: Bist du es,
der kommen soll, oder müssen wir auf einen
anderen warten? Als die Männer bei Jesus eintrafen,
sagten sie: Johannes der Täufer hat uns zu dir gesandt
und lässt fragen: Bist du der Kommende oder müssen
wir auf einen anderen warten? Damals heilte er viele
von Krankheiten, Qualen und bösen Geistern und vielen
Blinden schenkte er das Augenlicht. Er antwortete ihnen:
Geht hin und berichtet Johannes, was ihr gesehen und
gehört habt: Blinde sehen, Lahme gehen, Aussätzige
werden rein, und Taube hören; Tote werden auferweckt,
Armen wird das Evangelium verkündet.
Und wohl dem, der an mir keinen Anstoß nimmt.

LUKAS 7,19–23

Johannes der Täufer hört von den Taten Jesu, als er
im Gefängnis sitzt. Durch alle verschlossenen Türen,
durch alle Mauern hindurch, kommt bei ihm etwas an,
was ihn neugierig macht. Er horcht auf. Er fragt nach.

Die Botschaft des Lebens, die Botschaft der Be-
freiung, lässt sich nicht einsperren, im Gegenteil, sie
dringt durch alle Gefängnisse mitten in das Herz hinein. Da ist eine Sehnsucht, ein Suchen – und ein Finden, vielleicht.

Wenn ich mir den Advent bei uns so anschaue: Sitzen wir nicht alle irgendwie in »Gefängnissen«? Die

Wohnung muss nett dekoriert sein, der Weihnachts-gruß soll doch was hermachen, und die Geschenke sind mit viel Mühe und manchmal mit noch mehr Geld ausgesucht. Es gibt Erwartungen, wie Weihnachten abzulaufen hat – nett, harmonisch, das Fest der Liebe …

Aber mit unseren Erwartungen sperren wir uns selbst ein. Das Leben hat so und so zu sein … und Weihnachten muss so sein, wie es immer war.

Die adventliche Botschaft ist eine andere: Mitten in all unserem Beschäftigt-Sein, in all unserem Ein-gesperrt-Sein gibt es plötzlich einen Klang, einen Ton, ein Bild, einen Geruch, ein Wort. Eine Sehnsucht … und ich lasse mich berühren, horche auf, höre hin. Und ich suche und mache mich auf den Weg.

Das ist Advent.

Was wollt ihr sehen?

Das, was ihr sehen wollt; das, was euren Erwartungen entspricht? Advent ist mehr.

Advent heißt, das Andere zu sehen.

Aber das geht nur, wenn ihr es sehen wollt … ✍

Engel – Boten zwischen Himmel und Erde

In der Weihnachtsgeschichte tauchen immer wieder Engel auf: Ein Engel bringt Maria die Botschaft, Josef erscheint im Traum ein Engel, und ein wahrer Chor von Engeln verkündet den Hirten auf dem Feld die Geburt Jesu.

Das Wort »Engel« kommt von dem Lateinischen *angelus,* und das bedeutet »Bote«. Der Engel ist der Bote, der von Gott zu den Menschen geschickt wird – und von den Menschen wieder zu Gott zurückkehrt. Er ist Mittler und Dolmetscher zwischen Gott und den Menschen – und doch ist da etwas Geheimnisvolles an ihm. Er kann sich zwar durchaus »elegant« mitten unter den Menschen bewegen, er spricht unsere Sprache. Und doch entzieht er sich all unserem Begreifen, da er dort »zu Hause« ist, wo Gott wohnt, in einer »unsichtbaren« Welt.

Die Bibel erzählt viele Geschichten von Engeln. Sie kommen und gehen, sie verkünden den Menschen eine neue Aufgabe so wie bei Maria, sie stellen Brot und Wasser hin so wie bei Elija, sie begleiten Menschen auf ihren Lebenswegen so wie in der Tobit-Geschichte. Immer aber sind sie kraftvoll und klar, ermutigen und ermuntern voll Autorität, geben Auskunft und raten.

Die Bibel erzählt uns nichts davon, wie Engel aussehen. Meistens steht da nur ganz lapidar: »Ein Engel kam …« oder »er wurde von Gott gesandt«. Der Erzengel Rafael, der den jungen Tobias auf seinem Weg begleitet, nimmt nur ausnahmsweise Menschengestalt und einen falschen Namen an; in der Regel wollen Engel unerkannt bleiben – das gehört zu ihrem Geheimnis.

Dass Engel Flügel haben, entspringt eher der Fantasie der Künstler – aber wie sonst sollte man denn im Rahmen unseres menschlichen Vermögens auch ausdrücken können, dass sich Engel geradezu pfeilschnell zwischen Himmel und Erde, Gott und Mensch hin und her bewegen können?

Die netten kleinen pausbäckigen Engelchen mit Locken und dem manchmal leicht verschmitzten Lächeln sind eher eine Erfindung aus dem Barock, als dass sie etwas von dem erzählen können, was Engel wirklich sind. Sie sind ganz nett – aber das war es dann auch schon. Wenn man Kindern ein solches Bild von Engeln präsentiert, dann braucht man sich über manche Aussagen nicht zu wundern wie: »Mein Schutzengel hilft mir bei Mathe, aber in Naturwissenschaften ist er nicht so gut«, oder: »Es ist nicht leicht, ein Engel zu werden! Zuerst stirbst du, dann kommst du in den Himmel. Und dann ist da noch das Flugtraining, das du absolvieren musst!« Ja, wir schmunzeln ein wenig drüber – aber machen nicht gerade solche Vorstellungen die Engel klein und irgendwie harmlos?

Wenn Engel teilhaben an der Welt Gottes, dann gilt wohl eher der Satz, den *Richard Rohr*, ein Franziskaner aus den Vereinigten Staaten, einmal gesagt hat: »Gott ist nicht nett, Gott ist kein Onkel – Gott ist ein Erdbeben.« Und so mag auch *Rainer Maria Rilke* recht haben, wenn er schreibt: »Jeder Engel ist schrecklich.« Es wird schon seinen Grund haben, dass Engel sehr oft bei ihrem Erscheinen den Menschen erst einmal die Zusage geben müssen: »Fürchte dich nicht!« Wenn Engel in unser Leben kommen, dann heißt es eigentlich, dass Gott selbst in unser Leben eingreift. Und das ist nicht immer nett und nicht immer zum Lächeln.

Aber wenn Gott in unser Leben eingreift, dann tut er es zu unserem Besten. Ja, die Botschaften Gottes, die die Engel manchmal übermitteln, sind nicht immer »leichte Kost«. Ein Bekannter von mir betet immer wieder einmal: »Großer Gott, lieb doch bitte nicht schon wieder mich, sondern lieb zur Abwechslung mal jemand anderen! Es ist immer so anstrengend, von dir geliebt zu werden!«

Und genau das ist zugleich die andere Seite Gottes, die auch bei den Engeln immer wieder deutlich wird – Gott liebt uns Menschen! Oder wie es im ersten Johannesbrief heißt: »Gott ist die Liebe!« (1 Johannes 4,16).

Die Engel konfrontieren uns nicht nur, rufen uns heraus, sondern lassen uns auch an der Liebe Gottes teilhaben. *Joseph Ratzinger,* der spätere Papst Benedikt XVI., hat es einmal so gesagt: »Der Engel ... ist gleichsam der persönliche Gedanke, mit dem Gott mir zugewandt ist. Er ist das personhafte Gedenken Gottes an mich und so Ausdruck dafür, dass Gott auch ganz unmittelbar um mich bekümmert ist.« Das ist die alte Idee des Schutzengels: Wenn Gott uns liebt, dann will er auch nicht, dass wir verloren gehen. Und so passen seine Engel auch ein bisschen auf uns auf! Kein neuer Gedanke des Christentums, sondern eine Überzeugung, die auch schon im Judentum ihren Ausdruck findet:

Er entbietet für dich seine Engel,
dich zu behüten auf all deinen Wegen.
Sie sollen auf den Händen dich tragen,
dass nicht an einem Stein sich stoße dein Fuß.
Du wirst gehen über Nattern und Schlangen,
wirst niedertreten Löwen und Drachen.
PSALM 91,11–13

Deshalb kann auch *Martin Luther* sagen: »Für einen
Menschen beten heißt, einen Engel bei ihm vorbeizu-
schicken.« (Übrigens kennt auch der Islam Engel, so
ist es nach islamischer Überlieferung der Erzengel Gabriel, der dem Propheten Mohammed den Koran über-
mittelt.)

Engel kann man in der Regel nicht sehen. Man kann
sie »nur« erfahren. Und das ist mit den Engeln nicht
anders als mit der Liebe – auch Liebe kann man mit
unseren Augen nicht »sehen«, sondern nur erfahren.
Wenn wir die Engel, die Liebe, Gott sehen würden,
dann würden wir sie »klein« machen. Sie würden
dann in unser menschliches Denken hineinpassen.
Damit aber wären sie kleiner als mein Denken. Und eigentlich wäre das doch schade für die Engel, die Liebe
und Gott! Sie alle sind größer als ich, sie übersteigen
meine natürlichen Begrenzungen – sie kommen aus einer Welt oder reichen in sie hinein, die sich meinem
menschlichen Denken entzieht.

Und doch sind gerade die Engel die Mittler zwischen meiner Welt und dieser Welt. Sie bringen meine
Gebete vor Gott – und sie lassen mir wiederum Gottes

Botschaften zukommen. Sie sind sozusagen die »Brücke« zwischen hier und dort.

Zugegeben, das führt manche esoterisch orientierten Gruppen oder Menschen dazu, die Engel für sich zu vereinnahmen. Und in manchen Internet-Beiträgen und Büchern wird ganz locker davon berichtet, wie man mit den Engeln auf du und du ist. Da ist Skepsis angesagt, genau wie bei den netten Engelbildern, die heute auf Tagebüchern und Einkaufstaschen eine Renaissance erleben. Aber immer dann und dort, wo Menschen etwas Gutes erleben, greifen sie auch heute noch zu dem archaischen Bild des Engels, auch wenn sie sonst mit dem Glauben nicht viel zu tun haben: Die Pannenhelfer des ADAC sind die »gelben Engel«, Produkte, die umweltverträglich produziert sind, tragen den »Blauen Engel«.

Und manchmal gibt es ja auch heute noch Engel in Menschengestalt. Menschen, die uns etwas von Gott und seiner großen Liebe erfahren lassen. Und das ist und bleibt auch unsere Aufgabe. Oder wie *Gottfried Bachl* es in seinem »Gebet zum Schutzengel der Skepsis« sagt: »Aber lass mich nicht zweifeln, wenn ein Kind mich bittet um die Milch und den ruhigen Schlaf und die rechte Hand.« Jedes Kind braucht einen Engel, wie Klaus Hoffmann es in einem Lied sagt – gerade weil Kinder so wehr- und schutzlos sind, brauchen sie einen Engel, brauchen sie ihren Engel. Einen »Schutzengel« eben … ✍

und was ist dann Advent?

Advent
das ist die Frage
ob wir dazu bereit sind
dass es neu anfängt
und schon angefangen hat
Advent
wir brauchen nicht mehr zu warten
aber sind wir bereit dazu
ankommen zu lassen
bin ich bereit
mich in seine geöffneten Arme
hineinzugeben
mich einladen zu lassen

bin ich bereit
zu sein
und
zu werden

vielleicht
ganz leise
unscheinbar
und zart und sanft

und dann
kann
Weihnachten
sein
und werden

Und der Engel verließ sie wieder

Engel, das sind »Boten«, Mittler und Dolmetscher zwischen Gott und den Menschen.

Und Boten haben eine Eigenschaft an sich: Sie kehren wieder zurück zu dem, der sie geschickt hat. Ein Bote ist nicht dazu bestimmt, irgendwo zu bleiben. Vielleicht ist Ihnen das ja schon mal bei der wunderschönen Verkündigungsszene an Maria aufgefallen. Da kommt der Erzengel Gabriel und verkündet Maria diese unglaubliche Botschaft: dass in ihr Gott zur Welt kommen wird. Und dann heißt es im Lukasevangelium ausdrücklich: Danach verließ sie der Engel (Lukas 1,38b). Eigentlich komisch ... jetzt fangen die Schwierigkeiten für Maria doch erst an! Wie soll sie es Josef erklären – und den Nachbarn? Aber: Der Engel verlässt sie wieder.

Ja, es ist seltsam – und doch hat es Sinn.

Gott will unsere Freiheit. Und er ist durchaus bereit, sich die etwas kosten zu lassen – zum Beispiel auch die Möglichkeit, dass wir uns gegen ihn entscheiden. Maria hätte »Nein« sagen können. Gott gibt den Menschen die Freiheit, eine andere Möglichkeit zu wählen.

Und genau das mag ein Grund sein, warum der Engel Maria wieder verlässt. Sie soll in Freiheit ihr »Ja« sagen, ihren Weg gehen. Wie soll man frei entscheiden, wenn einem ein Engel sozusagen im Nacken sitzt? Deshalb verlassen die Engel die Menschen wieder, nachdem sie sie ein Stück auf ihrem Weg begleitet haben. Aber Menschen auf ihrem Weg begleiten, ist oft schon anstrengend genug und mag manchmal die eine oder andere Feder kosten. Und deshalb glaube ich, dass Engel gar nicht so prächtig und strahlend und vollkommen aussehen.

Als ich vor einiger Zeit die Kinder in der Deutschen Schule in Durban/Südafrika danach fragte, wie denn ein Engel aussieht, waren sie sich ziemlich einig: Engel sind weiß und haben lange, blonde Haare.

Ehrlich gesagt, mir fällt zuerst etwas ganz anderes ein. Ich glaube, dass Engel ziemlich mitgenommen und durchaus sehr zerzaust aussehen. Wäre das ein Wunder? Wenn du als Engel so manchen Autofahrer begleitest, da verwuschelt es dir die Federn schon ganz schön! Oder halte mal ein ganzes Flugzeug fest, das in Turbulenzen geraten ist! Und spring dem kleinen Jungen in den Fluss hinterher, in den er hineingefallen ist. Da siehst du nicht mehr ganz so ordentlich aus! Glauben Sie ernsthaft, dass ein netter Barock-Junge das könnte – oder dass ein Engel nach so einer Aktion noch makellos weiß und sauber dastehen kann?

Und »Weiß« wäre da ja wirklich die unpraktischste Farbe, die man sich denken kann! Überall wären Flecken und Dreck zu sehen!

Ich glaube, »weiß« und »blond« ist sozusagen die Feiertagskleidung der Engel – aber im Alltag tragen sie durchaus Latzhose und Sweat-Shirt. Und das eher kunterbunt, blau, grün, rot, gelb. Und ich denk mir, dass Engel einen pfiffigen Kurzhaarschnitt haben – denn wie will man zupacken und arbeiten, wenn einem dauernd die eigenen Haare im Weg sind?

Ich vermute mal: Die Federn (wenn er/sie/es denn

welche hat), können manchmal ganz schön zerzaust sein, voller Ölflecken und Dreck.

Und warum soll ein Engel eigentlich nicht schwarz sein? Ich jedenfalls habe in Südafrika schon einige schwarze Engel getroffen!

Aber ich glaube, es gibt noch einen Grund, warum Engel manchmal ein wenig zerzaust aussehen. Die Engel lieben die Menschen. Und es ist auch für sie nicht unbedingt einfach, die Menschen wieder zu verlassen, wenn sie ihren Auftrag erfüllt haben. Sie mögen es gar nicht, uns alleine zu lassen. Und doch muss es sein, damit wir Menschen in Freiheit unseren Weg gehen können. Ja, sie schützen uns, sie begleiten uns – und müssen doch manchmal in die »zweite Reihe« zurücktreten, um uns nicht zu beeinflussen.

Aber sie gehen nicht einfach so.

Sie lassen eine Feder zurück als Zeichen, dass sie da waren – und dass sie bei uns sind. Die Feder ist das Zeichen dafür, dass sie uns behüten, schützen und bergen – und notfalls auch herausfordern. Und dass sie uns zugleich unsere Freiheit lassen.

Deshalb glaube ich, dass Engel manchmal etwas mitgenommen aussehen. Kein Wunder, wenn sie immer da, wo sie tätig waren, eine Feder zurücklassen …

Aber es gilt auch andersherum: Immer da und dort, wo wir eine Feder sehen, ist es ein Zeichen dafür, dass ein Engel da war …

Dass mich die Liebe Gottes umarmt hat – auch wenn ich es vielleicht gar nicht bemerkt haben sollte … ✍

Felicitas, der kleine, glückliche Weihnachtsengel

Lassen Sie mich erst noch ein Missverständnis aufklären, bevor ich Ihnen die Geschichte von Felicitas, dem kleinen, glücklichen Weihnachtsengel, erzähle. Felicitas ist nämlich ein »weiblicher« Engel. Und natürlich gibt es weibliche Engel! Gut, es heißt zwar in der deutschen Sprache »der Engel« – und meistens spricht man von »er« und »ihm«, wenn man von einem Engel spricht. Und die Engel, die wir namentlich kennen, heißen »Rafael« und »Gabriel« und »Michael« – alles wunderschöne Jungennamen! Aber das alles ist ja schließlich kein Beweis dafür, dass es nicht auch weibliche Engel gibt. Wo sonst sollte denn all das Beschützende und Sorgende bei den Engeln herkommen, wenn nicht von den weiblichen Engeln? Und schließlich heißt es ja in der deutschen Sprache auch »der Gott« – und doch denken wir (na ja, die meisten jedenfalls), dass Gott nicht nur Vater, sondern auch Mutter ist.

Also – natürlich gibt es weibliche Engel, und Felicitas ist einer von ihnen. Felicitas, oder »Feli«, wie ihre Freunde sie liebevoll nennen, ist noch ein ziemlich kleiner Engel – aber auch ein kleiner Engel kann ein unsagbar großes Herz haben! Und das hatte Feli wirklich! Und gerade weil Feli ein so großes Herz hatte, wurde sie zum glücklichsten Weihnachtsengel, den es je gab!

Und das kam so:

Wie ein Lauffeuer hatte sich damals im Himmel die Nachricht herumgesprochen, dass Gott, der große und allmächtige Gott, doch tatsächlich so verliebt in die Menschen war, dass er selbst als Mensch zur Welt kommen wollte! Und er wollte es so tun, wie alle Menschen zur Welt kamen: als kleines, verletzliches Kind, von einer Frau geboren. Unglaublich, unfassbar das Ganze! Alle himmlischen Berater hatten erhebliche Bedenken und schüttelten den Kopf – Mensch zu sein und zu werden, das war nun wirklich nicht so ganz ungefährlich! Aber Gott hatte sich das noch nicht einmal angehört und nur abgewunken – und wenn Gott sich einmal etwas in den Kopf gesetzt hatte, dann konnte man ihn nur schwer davon abbringen.

Also versuchte man im Himmel, resigniert seufzend, die Wünsche Gottes irgendwie zu erfüllen. Das mit dem Ort war ja noch das geringste Problem. Und nach einigem Suchen fand man auch eine Frau, die für diese Aufgabe geeignet zu sein schien. Okay – ihr Verlobter, das forderte schon etwas mehr Einsatz. Da musste man Träume und Engel schicken, aber auch das klappte schließlich ...

Eigentlich hätte das ja schon gereicht ... aber dann kam der Punkt, an dem die Himmelsbehörden Geschmack an der Aufgabe fanden – und jetzt wurden sie kreativ. Gott konnte schließlich nicht einfach nur so zur Welt kommen, da musste man doch was draus machen! Schade, dass es noch kein Fernsehen und kein Internet gab – aber das würde alles erst fast zwei Jahrtausende später erfunden werden. Aber warum nicht drei weise Männer aus dem Osten holen, die dem neugeborenen Kind huldigen? Und wäre es nicht besonders eindrucksvoll, wenn man einen Stern extra für sie aufgehen ließe, dem sie folgen?

Und ab diesem Moment herrschte doch etwas Streit im Himmel. Einige fanden die Idee toll und trieben sie nach allen Kräften voran – andere bezeichneten sie als absoluten Quatsch und dass man Gott und seine Absicht komplett missverstanden hätte. Zu den Ärmsten der Armen müsste man gehen, Gott würde sich schließlich nicht für die »Großen« klein machen. Ach, Sie kennen ja diese endlosen Diskussionen, wenn Behörden (auch himmlische) anfangen, darüber nachzudenken, wie man eine eigentlich ganz einfache Aufgabe möglichst kompliziert ausführen kann – und dann kriegt das Ganze auf einmal eine Eigendynamik, weil ja jeder was Gutes beisteuern will. Nur Gott wird dann manchmal gar nicht mehr gefragt, was er denn eigentlich wollte. Und da hat sich, glaube ich, auch in zweitausend Jahren nicht allzu viel geändert.

Nun gut – im Himmel (und das spricht wirklich für den Himmel) einigte man sich schließlich salomonisch (das ist ein biblisches Wort für »weise«). Man machte einfach das eine und das andere. Die eine Abteilung bereitete das mit den drei mächtigen Männern aus dem Osten vor, die einen König suchen, und sorgte für den Stern und die Kamele. Und sie bedauerten nur, dass sie das Ganze nicht noch viel mehr publik machen konnten …

Die anderen kümmerten sich um den Stall und die Ärmsten der Armen – und dass bei denen Gott ankommen könnte.

Und die dritte Gruppe ging schlicht und ergreifend weiter ihrem Alltagsgeschäft nach, ohne viel Aufhebens darum zu machen.

Felicitas hatte sich spontan für die Gruppe entschieden, die sich für den Stall und die Ärmsten der Armen verantwortlich fühlte – das war ihr großes Herz! Aber auch hier entwickelte sich eine gewisse Eigendynamik bei der Ausführung.

Bei einer ersten Arbeitstagung wurden noch locker Ideen gesponnen, bei einem zweiten Treffen hieß es dann auf einmal ganz dogmatisch: Alle Engel fliegen zu dem Feld bei der Krippe, wo die Hirten mit den Schafen lagern und verkünden ihnen die Frohe Botschaft – und nur ihnen!

Feli musste das erst einen Moment lang verdauen, dann meldete sie sich mit ihrem kleinen Engelsflügel zu Wort und fragte: »Ja, aber warum nur zu den Hirten? Warum gehen wir denn nicht auch auf den Marktplatz nach Betlehem?« Einen Moment lang herrschte Stille, dann polterte ein Oberengel los: »Zu den Menschen nach Betlehem? Die schlafen den Schlaf des Gerechten, die haben sich eingerichtet, die sind zufrieden mit dem, was sie haben, die brauchen uns und Gott nicht! Wir gehen zu den Hirten, das sind arme Tagelöhner, die ausgebeutet werden. Die müssen zum wahren Leben befreit werden!«

Hm, Feli war sich nicht so ganz sicher, ob man wirklich so »schwarz-weiß« malen sollte – aber ganz sicher war sie sich im Moment, dass Widerspruch zwecklos war. Manchmal sind nicht nur Menschen, sondern auch Engel so sehr von etwas überzeugt, dass grad nichts anderes geht ... Aber in ihrem Herzen wuchs eine Idee und ein Plan.

Und an dem Abend, als alle anderen Engel zum Feld nach Betlehem flogen, um den Hirten die Geburt des Kindes zu verkünden, hielt sie sich ein wenig abseits – und als die Gelegenheit günstig war, bog sie im Schutz der Dunkelheit ab und flog nach Betlehem.

Dunkel war es in den Gassen und den Häusern – und nur mit größter Mühe konnte sie einen Landeplatz ausfindig machen. Schließlich fand sie eine kleine freie Fläche, nachdem sich ihre Augen ein wenig an das Dunkel gewöhnt hatten – und nachdem sie gelandet war, war ihr erster Gedanke nur, dass hier ein wenig Licht sicher bitter nötig wäre!

Und jetzt?

Wohin?

Feli schaute in das Dunkel hinein. Sie blieb ganz ruhig ... ihr machte das Dunkel keine Angst. Sie wusste, dass das Licht Gottes am besten dort scheinen kann, wo es dunkel ist. Und dass es dort am notwendigsten ist. Wenn alles mit künstlichen Lichtern erleuchtet ist – wozu brauchen sie dann noch Gott als Licht der Welt?

Plötzlich merkte sie auf. War da nicht ein Geräusch? Ein leises Schluchzen? Vorsichtig ging sie dem Geräusch nach und kam zu einer kleinen Hütte, die vollkommen im Dunkel lag. Ja, da kam das Geräusch her.

Sie hielt einen Moment lang inne, dann klopfte sie zögernd. Das Schluchzen hörte auf – Stille. Sie klopfte noch einmal und rief leise »Hallo?« – »Wer ist da?«, fragte es vorsichtig aus dem Dunkel zurück.

Jetzt hatte Feli ein Problem. Sie konnte ja schlecht sagen, dass sie ein Engel war. Sie überlegte kurz und sagte dann einfach: »Ich bin Felicitas. Ich hab mich verlaufen. Hast du etwas zum Essen für mich?« – als ob sie ahnte, dass sie jetzt nicht mit Gottes Herrlichkeit kommen dürfte, nicht von oben herab, sondern auf Augenhöhe. Da war ein Mensch in Not – und da war Solidarität angesagt. Sie selbst musste ihre Bedürftigkeit eingestehen, ihren Hunger, ihre Sehnsucht – nur dann würde sie mit diesem Menschen ins Gespräch kommen können. Und ihre Antwort war echt: Feli wusste nicht so recht, wo sie hin sollte – und wenn sie ganz ehrlich war, hatte sie Hunger. Wirklich Hunger!

Und in diesem Moment verstand sie, was Gott mit seiner Idee wirklich wollte! Von oben herab würde er die Menschen nie erreichen, deshalb muss er zu ihnen hinunter, er muss einer werden wie sie. Er muss hungrig und durstig sein und verletzt werden können. Er muss geboren werden und sterben. Und leiden ...

In diesem Moment öffnete sich leise quietschend die Tür und die Stimme sagte: »Komm herein! Viel anbieten kann ich dir nicht, aber ein Glas Wasser und eine Scheibe Brot habe ich da!« Und Feli ging in den dunklen Raum hinein. Eine Kerze wurde entzündet und sie sah sich einer alten Frau gegenüber. »Danke!«, sagte sie leise. Die alte Frau reichte ihr das Brot und den Krug mit Wasser. Dann sagte sie zögernd: »Ich weiß noch nicht so genau, wer du bist und was du hier machst – aber es ist lange her, dass mich jemand um etwas gebeten hat!«

Feli schluckte, dann sagte sie behutsam: »Ich bin unterwegs. Danke, dass du mich aufgenommen hast!«

»Ach, ich bin allein. Und ich bin alt. Von mir will keiner mehr was. Und ich hab ja auch nichts. Mein Mann ist vor zehn Jahren gestorben – und wir hatten keine Kinder ...«

Und in diesem Moment wusste Feli, dass die Oberengel nicht so ganz recht hatten mit ihrer Entscheidung, die Frohe Botschaft nur auf die Hirten im Feld zu begrenzen. Auch in Betlehem, wo scheinbar alles in Ordnung zu sein scheint, wo am Samstag der Gehweg ordentlich gefegt wird, im Vorgarten kein Blatt Laub geduldet wird, leben Menschen im Dunkel, in ihrer Angst, in ihrer Einsamkeit, mit ihrer Sehnsucht. Menschen, die keinen Gott »von oben herab«, sondern »mitten unter uns« brauchen.

»Komm mit«, sagte Feli, »ich zeig dir was! Aber zieh dir was Warmes an!«

Und so kam es, dass an der Krippe nicht nur ein paar Hirten herumstanden, sondern auch eine alte, einsame Frau. Und ein kleiner Engel, Felicitas, weiblich.

Und die alte, einsame Frau nahm das Kind in ihre Arme ... und weinte ... und das Kind strahlte sie an und lächelte. Und die alte, einsame Frau lächelte unter Tränen zurück.

Das ist Weihnachten.

Die anderen Engel waren längst schon in den Himmel zurückgekehrt, nur Felicitas stand noch ein wenig an der Krippe herum.

Und war sehr glücklich. ◡◠

Eigentlich ist es ja
kein Wunder ...

Drei Tage vor Heiligabend traf ich unsere Küsterin – und sie machte durchaus ein sorgenvolles Gesicht. »Was ist denn los?«, fragte ich. »In der Maria ist der Wurm drin ...«, sagte sie bekümmert. »Wie bitte?«, fragte ich entgeistert zurück. »Na ja, als die Männer die Krippenfiguren vom Speicher geholt haben, hab ich gesehen, dass sich in die Maria der Holzwurm hineingefressen hat!« – »Und jetzt?«, wollte ich wissen. »Na ja, morgen bei der Weihnachtsfeier für die Mitarbeiter können wir dann eben nur das Kind in der Krippe hinstellen – die Maria muss erst behandelt werden.« Schade, aber ich wusste das Problem bei ihr in guten Händen.

Natürlich – das ist bei uns nicht anders als wahrscheinlich in den meisten Kirchen der Welt: Nach der Weihnachtszeit wandern die großen Krippenfiguren irgendwo auf einen Speicher oder in einen Keller, weil sie ja in der Sakristei nur stören würden – und da stehen sie dann das Jahr über, bis sie kurz vor Heiligabend wieder hervorgeholt werden, weil man sie braucht. Im wahrsten Sinne des Wortes ein gefundenes Fressen für jeden Holzwurm ...

»In der Maria ist der Wurm drin ...«, irgendwie ging mir der Satz nicht mehr aus dem Kopf. Ja, wenn man Sachen elf Monate lang nicht braucht, wenn man sie irgendwo in die Abstellkammer stellt, dann kann man nicht erwarten, dass sie sozusagen taufrisch und unversehrt wieder hervorkommen. Wenn man Glück hat, reicht ein Abstauben, eventuell muss man sie gründlich sauber machen – und manchmal müssen sie regelrecht behandelt werden, weil »der Wurm drin ist«. Die Festtagstischdecke muss frisch gewaschen werden, wenn sie lange im Schrank lag; wenn ein Auto über Monate unbenutzt steht, braucht es wahrscheinlich Starthilfe; und manche Handy-Nummern verfallen sogar, wenn man über einen bestimmten Zeitraum keine Anrufe macht oder bekommt. Und auch wenn ich mit einem Freund über Monate oder Jahre keinen Kontakt hatte, muss man sich in der Regel erst wieder ein wenig annähern.

Und mit dem Glauben ist es eigentlich nicht anders. Wenn ich ihn nur einmal im Jahr brauche und in der Zwischenzeit irgendwo abstelle, weil er mir im Weg steht, dann kann es gut sein, dass ich ihn vielleicht ein wenig abstauben muss, wenn ich ihn dann mal brauche. Eventuell sind ein paar Spinnweben dran, möglicherweise ist die Farbe etwas verblichen. Und eventuell ist sogar »der Wurm drin« … und dann kommt man um eine »Behandlung« nicht herum.

Ich jedenfalls freue mich darüber, wenn Menschen ihren Glauben zumindest noch im Schrank haben – und ihn nicht schon mit dem letzten Sperrmüll entsorgt haben. Und dann bin ich auch gerne bereit, ihnen dabei zu helfen, ihren Glauben wieder etwas »aufzupolieren« und abzustauben.

Jedenfalls – »unsere« Maria saß am Heiligabend wunderschön anzusehen neben der Krippe … unsere Küsterin hat mal wieder »ganze Arbeit« geleistet. ✍

Geschafft!

Mag sein, dass kurz vor Heiligabend manche genau dieses Gefühl haben werden: Ich hab's geschafft – aber jetzt bin ich auch geschafft! Man hat sich durch seine diversen Einkaufs- und Putz- und Postlisten regelrecht durchgekämpft, jetzt ist fast alles getan, bis auf die eine oder andere Kleinigkeit vielleicht, aber dafür hat man ja dann notfalls auch am Heiligabend noch Zeit. Und man lehnt sich ein wenig gemütlich zurück und denkt: Jetzt kann Weihnachten werden!

Und es könnte sein, dass gerade dies der alleradventlichste Gedanke ist, den man in den letzten Wochen gedacht haben mag – jetzt kann Weihnachten werden!

Weihnachten kann man nicht machen, Weihnachten ist und wird und geschieht und wird uns geschenkt. Lange bevor wir irgendwas tun konnten, hat Gott etwas getan. Und das, was Gott uns da schenkt, das können wir nicht herbeiputzen, irgendwo einkaufen, mit Weihnachtsgrüßen herbeischreiben – das wird uns einfach geschenkt.

Es braucht nur eine Voraussetzung: Wir müssen bereit sein, uns beschenken zu lassen, uns von Gott beschenken zu lassen.

Das Wort »schenken« kommt übrigens von »jemandem etwas zu trinken geben« und findet sich noch heute im Wort »einschenken« und »ausschenken«. Man gibt demjenigen etwas zu trinken, der durstig ist.

Wenn wir uns von Gott beschenken lassen wollen,

dann setzt dies voraus, dass wir »durstig nach Gott« sind, dass in uns eine Sehnsucht lebt, eine Sehnsucht nach Leben und Lebendigkeit.

Und das ist mehr und etwas anderes, als das allerteuerste Geschenk, das unter dem Weihnachtsbaum liegen kann. Was Gott uns in diesem Kind schenkt, ist etwas, das keinen Cent mehr aufs Bankkonto bringt, das die Sorgen nicht wegnimmt, nichts, wovon die nächste Ratenzahlung oder der notwendige Wintermantel bezahlt werden können – aber es ist das, wovon in der Adventszeit so oft in den Lesungen der Gottesdienste die Rede ist: Die Augen der Blinden, die Ohren der Tauben werden geöffnet, der Lahme springt umher, die Zunge des Stummen jauchzt auf, dann liegen Kalb und Löwe friedlich beieinander …

Vielleicht sollte ich in den letzten Tagen vor Heiligabend, wenn ich gerade denke »Jetzt ist alles geschafft!«, doch noch einmal dem Gedanken nachspüren, ob ich wirklich noch durstig bin, nach Leben und Lebendigkeit, durstig nach Gott? ∽

Und was haben Sie vergessen?

Ehrlich gesagt – es tut mir ausgesprochen gut, in den letzten Tagen vor dem Fest immer wieder bei anderen einen plötzlichen Aufschrei oder ein Stöhnen zu erleben, nämlich dann, wenn man feststellen muss, dass man doch irgendetwas ganz Entscheidendes für Weihnachten vergessen hat. Und – wie tröstlich! – es passiert sogar den Menschen, die ansonsten ihren Alltag hervorragend organisiert haben!

Ich habe in diesem Jahr vergessen, Geschenkpapier zu kaufen – es fiel mir grad vorhin siedend heiß ein, und ich bin mir sicher, dass ich jetzt nur noch auf irgendwelche kitschigen Restbestände werde zurückgreifen können. Es sei denn, dass ich noch einen kreativen Schub bekomme und irgendwas aus Packpapier hervorzaubere. Vielleicht erkläre ich auch kurzerhand Handtücher oder Zeitungspapier zu meinem Verpackungsmaterial des Jahres.

Eine Freundin haderte letztes Jahr heftig mit ihrem Schicksal – ihr fiel am 23. Dezember abends ein, dass sie vergessen hatte, das Kleid aus der Reinigung abzuholen, das sie am ersten Weihnachtsfeiertag beim Essen mit den Schwiegereltern anziehen wollte. Und die Reinigung hatte an Heiligabend schon geschlossen …

Peter hat vergessen, den Lachs vorzubestellen – und damit ist das ganze Festmenü an Heiligabend fast schon zum Scheitern verurteilt – oder wo wollten Sie am Heiligabend noch Lachs auftreiben?

Und als ich vorhin mit einer Bekannten telefonierte, erzählte sie mir, dass sie dieses Jahr so stolz darauf war, alles rechtzeitig gekauft und gefunden zu haben, um jetzt in aller Ruhe dem Heiligabend entgegensehen zu können – bis sie feststellte, dass sie eines ihrer Geschenke in einem Geschäft nur hatte zurücklegen lassen und jetzt am Morgen des Heiligabends doch tatsächlich noch mal in die Stadt musste, um es abzuholen …

Zugegeben, so arg viel und so arg wichtig ist es in der Regel gar nicht, was wir vor dem Fest vergessen haben. Was viel mehr an den Nerven zerrt, ist die bange Frage: Was könnte ich vergessen haben? Und woran habe ich nicht gedacht?

Vergessen Sie's!

Weihnachten ist nicht das Fest des Perfektionismus – ganz im Gegenteil. Die Botschaft von Weihnachten – und damit der Grund, warum wir dieses Fest eigentlich feiern – ist eine ganz andere: Gott wird Mensch in einem ganz kleinen Kind. Er macht sich klein, damit er in unser Leben ein wenig hineinpasst. Er nimmt all die Menschlichkeit auf sich, um uns in unserem Mensch-Sein ganz nahe zu sein. Und damit will er uns zum Leben einladen – nicht zum Abhaken irgendwelcher Checklisten.

Könnte es sein, dass wir vielleicht gerade daran in den letzten Tagen nicht gedacht haben? Dass wir gerade das vergessen haben?

Wir haben noch ein bisschen Zeit.

Wie wäre es damit: All das vergessen, was man vergessen haben könnte – und stattdessen die letzten Stunden dafür nutzen, dem Raum zu geben, weswegen wir dieses Fest eigentlich feiern und was dieses Fest ausmacht. Vielleicht ein Brief statt zehn Weihnachtskarten, ein Besuch statt Aufräumen, ein paar ruhige Minuten in einer Kirche, ein Spaziergang ... Da wird uns bestimmt noch was einfallen – oder sollten wir wirklich vergessen haben, wie das geht? ✍

Das Fest der Überraschungen

Weihnachten ist das Fest der Überraschungen …

Die meisten Menschen sind jedenfalls sehr bemüht, an diesem Fest die Menschen, die sie gerne mögen, mit etwas Schönem und Unerwartetem zu überraschen. Ich jedenfalls freue mich wie ein Schneekönig, wenn ich eine richtig gute Idee gehabt habe – und natürlich muss man dann das Geschenk schön verpacken und entsprechend geheimnisvoll tun und es richtig gut verstecken! Und das allergrößte Geschenk mache ich mir eigentlich selbst, wenn ich dem anderen dann beim Auspacken zuschaue!

Und ich liebe es, mit etwas Schönem überrascht zu werden! Da hat sich jemand ganz viel Gedanken und Mühe gemacht, etwas für mich zu finden, worüber ich mich freuen könnte – und ich halte das Päckchen in der Hand und habe keine Ahnung, was drin ist … und packe es ganz vorsichtig und behutsam aus. Und bin nur noch gespannt und neugierig!

Überraschungen – das müssen gar keine großen Dinge sein, das kann eine Kleinigkeit sein, die aber genau passt und stimmt, etwas, was man vielleicht gar nicht kaufen kann, etwas, in dem ganz viel Liebe drinsteckt … Weihnachten ist das Fest der Überraschungen.

Ich kann mir jedenfalls schon vorstellen, dass Maria ziemlich überrascht war, als da plötzlich ein Engel vor ihr steht – und dazu noch mit dieser Botschaft. Ich kann mir durchaus vorstellen, dass Josef überrascht war, als er feststellen musste, dass seine Verlobte schwanger ist – und er ist vollkommen unbeteiligt daran. Die Hirten werden auch nicht so recht gewusst haben, wie ihnen geschieht mit diesen Heerscharen von Engeln – und wenn man am Königshof nach einem neugeborenen König sucht, von dem niemand etwas weiß, um ihn dann in einem Stall zu finden – jetzt sagen Sie bloß nicht, das wäre keine Überraschung …

Weihnachten ist das Fest der Überraschungen …

Aber was ist das eigentlich genau, eine Überraschung? Der Duden, Abteilung Herkunftswörterbuch, hat mir weitergeholfen. »Überraschen« bedeutet ursprünglich: »plötzlich über jemanden herfallen, überfallen« – das hat sich wohl noch in der Redewendung »überraschender Besuch« irgendwie erhalten. Es steht aber auch noch eine Art anderer Übersetzung dabei, nämlich: »mit etwas Unerwartetem in Erstaunen versetzen«.

Weihnachten, das Fest der Überraschungen – das Fest, an dem uns etwas Unerwartetes in Erstaunen versetzen sollte.

Unerwartetes passiert in der Regel genug in den Tagen vor und um Weihnachten. Das bestellte Buch ist vergriffen, die Spülmaschine geht kaputt oder der Liedanzeiger in der Kirche, Raclette-Käse ist ausverkauft, man stellt sich im Supermarkt in der kürzesten Schlange an, um dann am längsten zu warten, der Paketmann kommt gerade dann, wenn man nicht da ist – und jetzt muss man doch noch mal zur Post, obwohl man alles so hervorragend organisiert hatte – und dass die Lichterkette für den Weihnachtsbaum kaputt ist, merkt man Heiligabend um zwölf Uhr. Man ärgert sich, schimpft vor sich hin – und ahnte ja schon, dass irgendwas wieder schiefgehen würde.

Das aber, was uns eigentlich in Erstaunen versetzen sollte, finden wir gar nicht mehr so überraschend, sondern vielmehr ganz selbstverständlich: Weihnachten, Gott wird Mensch in einem Kind, kommt in einem erbärmlichen Stall zur Welt, macht sich ganz klein, vertraut sich uns an, damit wir seine Liebe erfahren können. Das gehört zu Weihnachten irgendwie dazu. Das ist fast schon normal. Nett, schön, okay.

Aber das ist eigentlich die Überraschung.

Nur – wir staunen nicht mehr darüber. Wir sind so damit beschäftigt, alles zu organisieren, damit alles so wird, wie es immer war, dass wir gar keinen Raum, keinen Platz, keine Zeit mehr für die eigentliche Überraschung haben. Wir lassen uns nicht mehr in Erstaunen versetzen, wir staunen nicht mehr …

Staunen können – ich glaube, das ist der Schlüssel. Kleine Kinder können das noch, staunen. Sie bekommen riesengroße Augen, sind ganz gebannt, ganz hin und weg von dem, was sie erleben. Leider verlieren die meisten Menschen im Laufe ihres Lebens diese Fähigkeit – staunen zu können. Können wir das noch: wirklich staunen? *Platon,* ein antiker griechischer Philosoph, sagte: »Das Staunen ist die Einstellung eines Mannes, der die Weisheit wahrhaft liebt, ja es gibt keinen anderen Anfang der Philosophie als diesen«, also aller Fragen nach dem Leben.

Und an Weihnachten sollten wir eigentlich neu staunen lernen. Weihnachten ist das Ende aller Selbstverständlichkeiten und Berechenbarkeiten, mit Weihnachten fängt das Staunen neu an, die Fragen nach dem Leben, das Suchen und das Finden. Das Herz öffnet sich.

Staunen ist der Anfang aller Fragen nach dem Sinn des Lebens – und nach Gott. Weihnachten kann in uns nur werden, wenn wir noch darüber staunen können – und nur dann kann etwas neu anfangen. Und deshalb kann Weihnachten manchmal auch am 3. Mai oder am 14. Oktober sein – wenn uns etwas so sehr überrascht, dass wir neu ins Staunen und ins Fragen kommen, wenn wir uns neu auf die Suche begeben, um vielleicht zu finden. Im apokryphen Thomasevangelium, also einem der Evangelien, das nicht in den offiziellen Kanon der Bibel aufgenommen wurde, heißt es: »Jesus sprach: Nicht soll aufhören der, welcher sucht, zu suchen, bis er findet, und wenn er findet, wird er verwirrt sein, und wenn er verwirrt ist, wird er sich wundern und wird herrschen über das All« (Logion 2).

Wenn wir uns überraschen lassen können, werden wir ins Staunen kommen – und wir werden suchen und finden. Und das, was wir finden werden, mag wiederum überraschend sein, uns verwirren, den Blickwinkel ändern, eine neue Perspektive anbieten. Weihnachten ist das Fest der Überraschungen – aber wir müssen auch bereit sein, uns überraschen zu lassen.

Wir sind da eigentlich in guter Gesellschaft – in der Gesellschaft von Maria und Josef, den Hirten und den Weisen aus dem Morgenland. Sie alle haben etwas gefunden, was sie nicht suchten. Ein Stern zeigt den Weg. Engel verkünden die Botschaft. Ein Kind kommt zur Welt.

Damit beginnt die Geschichte von Jesus von Nazaret, den wir Christus nennen. Und diese Geschichte
führt von der Krippe über das Kreuz hin zur Auferstehung – und zu Pfingsten, wenn der Heilige Geist über
die Jünger kommt. Und wenn wir diesen Weg mitgehen, dann werden wir mit Jesus Christus herrschen
über das All – und er wird mit uns sein bis ans Ende
der Welt.

Das ist Weihnachten.

Das ist die eigentliche Überraschung. Das Unerwartete, das uns in Erstaunen versetzt. Gott überrascht
uns. Er hat sich viele Gedanken gemacht und er hat
sich viel Mühe gegeben, uns das zu schenken, was
ihm am Herzen liegt – seinen Sohn.

Er schenkt uns das, was wir wirklich brauchen, wo-
nach wir uns sehnen, worüber wir uns freuen. Nur –
es könnte ganz anders sein als das, was wir erwarten.

Über eines bin ich mir jedenfalls ganz sicher: Er schaut
uns ganz neugierig und gespannt beim Auspacken zu.

zur liebe geboren

liebe kommt zur welt
eine kleine blüte
bunt
zerbrechlich
zart
und doch
stark
und kraftvoll

und liebe wird geboren
in eine dunkle welt
voll stacheldraht
und kälte

und
liebe
weint

und
liebe
scheitert

und
liebe
hört doch nicht auf

weihnachten

lasst uns unsere liebe
wie eine blüte
auf alle stacheldrähte
dieser welt setzen

wie es
das kind
getan hat

Ein erbärmliches Fest

Jeder Public-Relations-Manager würde die Hände über dem Kopf zusammenschlagen, wenn wir ihn bitten würden, das Ereignis, das wir an Weihnachten feiern, entsprechend öffentlichkeitswirksam zu gestalten. Ein dreckiger Stall, ein Mann, eine Frau, ein kleines Kind, ein paar Hirten aus der untersten Gesellschaftsschicht, so wird es bei Lukas erzählt. Drei weise Männer, die zuerst einmal die falsche Adresse anlaufen, so erzählt es Matthäus. Und weder der eine noch der andere weiß etwas von Ochs und Esel, die man ja vielleicht noch irgendwie publikumswirksam anbieten könnte. Und die Bevölkerung von Betlehem kriegt erst mal überhaupt nichts mit, sie verschläft das Ganze.

Weihnachten – das ist eigentlich ein ziemlich erbärmliches Fest. Es hat nichts mit Coca-Cola-Truck, Weihnachtsbeleuchtung, Festessen und Bergen von Geschenkpapier zu tun. Weihnachten – das ist eigentlich ein erbärmliches Fest. Und da kann man sich dann schon fragen, wie so ein erbärmliches Ereignis es geschafft hat, noch nach zweitausend Jahren in Erinnerung zu bleiben, so gefeiert zu werden, ja sogar zum Ausgangspunkt unserer Zeitrechnung zu werden. Die Antwort finden wir beim Propheten Jesaja:

Denn ein Kind ist uns geboren,
ein Sohn ist uns geschenkt;
die Herrschaft ruht auf seinen Schultern.
Man ruft seinen Namen aus:

Wunderbarer Ratgeber, Starker Gott,
Ewiger Vater, Friedensfürst.
Groß ist die Herrschaft und endlos der Friede
JESAJA 9,5−6a

Mit diesem erbärmlichen Fest hat sich die Verheißung erfüllt.

Ein kleines Kind tritt die Herrschaft an, ein kleines
Kind nimmt es auf mit dem Tod. Und dieser Gott, der
in einem kleinen Kind Mensch wird, besiegt den Tod
und die Mächte des Bösen. Das kleine Kind ist der
starke Gott.

Weihnachten, das ist eigentlich ein dunkles Fest.
Da liegt ein Freund im Sterben, da weiß jemand um
die verheerende Diagnose des Arztes, da kommt einer
aus seiner Depression nicht mehr raus, da müssen
Kündigungen ausgesprochen werden – und man selbst
ist am Ende seiner Kraft. Weihnachten leugnet all das
nicht – aber es gibt eine Zusage:

Das Volk, das im Finstern wandelt,
schaut ein großes Licht;
über denen, die im Land der Dunkelheit wohnen,
erstrahlt ein Licht.
JESAJA 9,1

Der, der da als Kind zur Welt kommt, ist das Licht, das
ist unser Gott. Er kann das Dunkle und den Tod nicht
wegnehmen – aber das hat er uns auch nie versprochen.
Aber da kommt ein Licht in unsere Nacht, da wird eine
Kerze angezündet, da zeigt uns ein Stern unseren Weg.

111

Dieses Kind, das da so erbärmlich zur Welt kommt, das ist unser Licht, das ist unser Weg. Ein Gott wird Mensch, um unsere Menschenwege durch das dunkelste Dunkel mitzugehen – und um uns mit ihm zum Leben und zur Auferstehung zu führen.

Ja – das ist Weihnachten.

Ein Kind, das es mit dem Tod aufnimmt.

Und ein erbärmliches Fest – weil sich ein Gott uns Menschen erbarmt. ໐

Weihnachtliche Temperaturen?

Als ich das erste Mal Weihnachten in Südafrika verbrachte, bekam ich eine liebe Karte aus Deutschland.
Und darin hieß es: »Wie ist das eigentlich – Ihr habt ja
zurzeit sommerliche Temperaturen. Kommt da überhaupt eine weihnachtliche Stimmung auf?«

Na ja, wenn man mal davon absieht, dass wir in
dem Jahr in Südafrika nun wirklich grad keine som-
merlichen Temperaturen hatten, sondern eher »deut-
sches Novemberwetter« mit Regen und Nebel ... die
Frage ging mir doch nach. Was haben Weihnachten
und Temperaturen miteinander zu tun? Kann man
Weihnachten nur feiern, wenn es kalt ist? Aber das
hieße ja dann, dass man nirgendwo auf der südlichen
Erdhalbkugel »richtig« Weihnachten feiern könnte –
weil es da eben nun mal grad Sommer ist. Das kann es
ja wohl nicht sein!

Doch, ich war an Heiligabend in »Weihnachtsstim-
mung« – obwohl es 18 Grad hatte und regnete. Ich habe
den ganzen Tag eigentlich genau das gemacht, was ich
in Deutschland auch gemacht hätte ... ich habe Geschenke eingepackt, Weihnachtskarten geschrieben,
Weihnachtslieder gehört. Ich war ein bisschen weh-
mütig und habe an die Weihnachtsfeste mit den ver-
storbenen Eltern gedacht und an die Heiligabende der
letzten Jahre in den Gemeinden und mit Freunden.
Und ich war zugleich ein wenig gespannt und neugierig – würden die Geschenke passen, die ich hier
für einige der südafrikanischen Schwestern, bei de-

nen ich ehrenamtlich arbeitete, besorgt hatte? Würde mein Weihnachtsbrief für die Schwestern inhaltlich »ankommen«? Einige Päckchen hatte ich auch schon bekommen – und mir für den Heiligabend zum Auspacken aufgehoben. Ich freute mich auf die Liturgien, die Vesper und dann den »Mitternachtsgottesdienst«, der wegen der älteren Schwestern schon um 19.30 Uhr stattfand.

Und es war wunderschön – auch wenn draußen kein Schnee lag und ich im Polohemd in der Kirche saß und der »Weihnachtsbaum« eine Palme war. Vor dem Gottesdienst gab es eine halbe Stunde Weihnachtsmusik vom CD-Player mit dem »Drakensberg Choir«, und als dann der Priester zum Gottesdienst einzog und das Jesuskind in die Krippe legte – ja, da war Weihnachten! Und das Lied »Joy to the world« kam bei uns allen aus ganzem Herzen – kräftig von Orgel und Trommeln unterstützt! Ja, da war eine Weihnachtsfreude, wie ich sie bisher selten in Deutschland in einem Gottesdienst erlebt habe!

Und dann waren alle Gottesdienstteilnehmer noch zu einem kleinen Imbiss im Speisesaal der Schwestern eingeladen ... und es war bunt und lebendig und jeder umarmte jeden ... und die jungen Frauen aus dem Kongo, die sich um den Eintritt in die Schwesterngemeinschaft bewarben, tanzten gerade weiter ... ach, es war einfach schön!

Und ich glaube, wenn ich das Fest wieder in Deutschland feiern werde, dann werde ich mit ein bisschen Wehmut an Weihnachten in Südafrika zurückdenken.

Das Lied »Joy to the world« habe ich jedenfalls nach Deutschland mitgenommen – und vielleicht gelingt es mir ja, unseren Kirchenchor davon zu überzeugen, es für Weihnachten einzuüben – auch wenn sie nicht so schön trommeln können. Es muss ja nicht grad anstelle von »Stille Nacht, heilige Nacht« sein, aber vielleicht als Ergänzung?

Es könnte möglicherweise sein, dass Weihnachten weniger eine Frage der Temperaturen und der Geschenke ist als vielmehr die Frage, ob wir uns wirklich über die Geburt Jesu freuen können – und ganz sicher muss man dann entsprechende Bilder finden, die dies zum Ausdruck bringen … dann steht für Geborgenheit und Schutz eben nicht der warme Kachelofen, an dem man sich durchgefroren aufwärmt, sondern der Schatten eines Baumes, unter dem man ausruht, oder die Hütte, in der man sich mit Freunden trifft und sicher ist.

Zwei Dinge sind in Südafrika auf jeden Fall leichter, wenn man sich an diesen Tagen nicht gerade in irgendwelche 4-Sterne-Hotel-Ghettos zurückzieht: Die meisten Südafrikaner können sich noch richtig schön und aus ganzer Seele über Weihnachten freuen, auch wenn die Geschenke nur klein sind und kein großer Festbraten auf dem Tisch steht – am Strand zu grillen macht sowieso viel mehr Spaß! Und: Man sieht sie dort, die jungen Mütter, die ihr kleines Kind, eingewickelt in einem Tuch, an ihrem Körper tragen, die kein Geld haben und nachts unter einem schäbigen Wellblechdach Zuflucht suchen. Und da wird die Geburt Jesu auf einmal ganz handgreiflich und erlebbar … Gott kommt in einem Kind zur Welt. ✍

ankunft

allein
auf deinem weg
sehnsüchtig
suchend
dem ruf folgend

in der hitze des tages
im dunkel der nacht
im regen
und sturm
dem ruf folgend

und da ist der schatten eines baumes
und das licht einer laterne
und der schutz einer hütte
und das lächeln eines freundes
dem ruf folgend

und du bist sicher
und bist geschützt
und du bist willkommen
und du kommst heim
dem ruf folgend

und da ist ein lied
und da ist eine umarmung
und da ist wein und brot
und da ist ein kind

dem ruf folgend

weihnachten

Südafrika 2009

Hirte oder König?

Die Volksfrömmigkeit wusste es schon immer: An der Krippe sind die Hirten und, spätestens ab dem 6. Januar, die Heiligen Drei Könige einträchtig miteinander vereint. Die theologisch unterschiedlichen Aussageabsichten des Lukas- und des Matthäusevangeliums werden wunderbar miteinander verwoben. Und vielleicht ist das gar nicht so falsch – sondern eigentlich sogar »ganz richtig«? Wenn wir es mal nicht theologisch, sondern ganz persönlich sehen?

Ich erinnere mich gut … es war irgendwann um Weihnachten herum. Ich hatte mich am Nachmittag mit meinem geistlichen Begleiter getroffen, und mitten in unserem Gespräch stellte er mir die Frage: Weihnachten, Krippe, Geburt, Stall – wer oder was wären Sie denn in diesem Jahr? Maria, Josef, einer der Hirten, einer der Könige? Oder vielleicht der Stall, der Stern, der Esel?

Die Frage hat mich seitdem nicht mehr losgelassen – und ich stelle sie mir immer wieder an Weihnachten neu. Wer bin ich dieses Jahr? Mit wem kann ich mich besonders gut identifizieren? Ist mir Josef besonders nahe, der so fürsorglich Maria und das Kind schützt und die Laterne hält? Bin ich einer der Hirten, die draußen in der Nacht Wache halten? Oder bin ich der Engel, der anderen die frohe Botschaft verkündet? Gut – es gibt auch Jahre, in denen ich mich eher wie der Esel fühle oder der Stall, der sich gar nicht vorstellen kann, dass in ihm Gott zur Welt kommen will … darf ja auch mal sein.

Ja, die Weihnachtsgeschichte ist und bleibt gleich … und wir hören jedes Jahr die gleiche Geschichte. Spannend daran ist, wo und wie ich mich aktuell in diesem Jahr neu in dieser Geschichte »positioniere« – und das sagt eher etwas über mich aus, nicht über diese Geschichte.

Ein Pfarrer sagte einmal leicht stöhnend: »Schon wieder das Gleichnis vom Barmherzigen Vater! Da weiß man ja schon gar nicht mehr, was man dazu predigen soll!« – man kann dann nichts mehr dazu predigen, wenn man sich selbst nicht »bewegt«, wenn man selbst und die Geschichte gleich geblieben sind. Und da die Geschichten über zweitausend Jahre gleich geblieben sind, muss man sich schon selbst bewegen, um etwas Neues in der Geschichte zu entdecken.

Henri Nouwen hat das meisterhaft an genau dieser Erzählung vom Barmherzigen Vater getan und darüber ein wunderschönes Buch geschrieben (»Nimm sein Bild in dein Herz«) – als junger Mann identifizierte er sich mit dem jüngeren Sohn, der aufbricht und das Leben sucht. In der Lebensmitte fragt er sich, ob er nicht vielleicht doch der ältere Sohn gewesen ist, der seine Pflicht getan hat und sich nicht traute, ein Fest zu feiern. Und dann kommt in ihm die Frage auf, ob er, auf sein Lebensende zugehend, nicht vielleicht doch der Vater ist, der beide Söhne liebt und in seinem Haus willkommen heißt.

Auch die Weihnachtsgeschichte wird erst dann richtig zu leuchten beginnen, wenn wir unseren Platz darin suchen – und ihn hoffentlich finden. Und das quer durch alle Aussageabsichten und theologischen Über-legungen hindurch, manchmal sogar über sie hinweg – nicht weil sie nicht wichtig wären, sondern weil sie es uns manchmal schwer machen, uns in diese ural-ten menschlichen Erfahrungen regelrecht »hineinzu-schwingen«, aus denen heraus Menschen damals die-se Geschichten erzählt und weitergegeben haben.

Klar, wir wissen es alle – Lukas solidarisiert sich mit den Armen und Zu-kurz-Gekommenen, deswegen Maria, das Magnificat, die Hirten, der Stall. Matthäus will den Messias-Gedanken hervorheben, deswegen die Abstammung über Josef und die drei Weisen aus dem Morgenland. Und Ochs und Esel kommen von Jesaja – und ob die »Herden«, die die Hirten hüteten, wirklich Schafe waren, darüber kann man ja auch noch mal trefflich streiten.

Ganz egal … an den meisten Krippen sind irgend-wann Ochs und Esel, Schafe und Hirten und die Hei-ligen Drei Könige friedlich miteinander vereint – und sie scheinen sich eigentlich auch ganz gut zu vertra-gen. Und vielleicht spricht diese Form der praktizier-ten Volksfrömmigkeit eine Wahrheit in einer Tiefe an, die sich allen wissenschaftlichen und exegetischen Forschungen entzieht. Ihre Absichten sind bestimmt wichtig und hehr – aber manchmal werde ich das Ge-fühl nicht los, ob sie nicht eventuell doch dazu be-nutzt werden, sich die eigentliche Botschaft »vom Hals zu halten«.

Es ist dunkel, als es geschieht. Die Hirten sitzen am Feuer und hüten die Herden, drei weise Männer im fernen Osten beobachten die Sterne. In einem kleinen Stall das funzelige Licht einer Laterne. Nichts deutet auf etwas Außergewöhnliches hin. Eine Nacht, wie sie Menschen seit Jahrtausenden erleben. Die meisten schlafen, einige wachen, andere suchen und forschen.

Und mitten in dieser Nacht geschieht es, mitten in dieser so gewöhnlichen Nacht. Ein Stern leuchtet auf, ein Engel kommt. Ein Stern für die, die suchen, ein Engel für die, die wachen. Und sie brechen auf und gehen los. Sie trauen dem ganz Anderen, dem nicht Alltäglichen. Sie wagen den Aufbruch – trauen ihren Träumen.

Es ist Nacht, als es geschieht. Und auch daran hat sich in zweitausend Jahren wenig geändert. Die Nacht hat ihr eigenes Geheimnis. Vielleicht braucht es das Geheimnis dieser dunklen Stunden, die Stille, die auf das Wesentliche verweist, die Nacht, die alles Bunte und Grelle und Laute wegnimmt. Vielleicht braucht es diese Stunden, in denen die Sehnsucht wachsen kann, in denen man den Pulsschlag der Erde hören kann, ein Teil dieser Erde ist und wird.

Ja, sie sind nicht immer leicht, diese Stunden. Wenn nichts mehr ablenkt, bin ich nur noch auf mich selbst verwiesen. Wenn ich mit nichts mehr beschäftigt bin, muss ich mich mir selbst stellen. Es sind Stunden, in denen das Leise in mir hörbar wird, das Verborgene sichtbar. Aber es sind auch die Stunden der Sehnsucht und der Träume. Es sind Stunden, in denen das Leben wachsen kann.

Zugegeben – viele Menschen mögen das nicht. Sie haben sich eingerichtet, haben sich abgefunden. Und so verjagen Glühbirnen und Neonröhren das milde Licht der Sterne und des Mondes, Fernsehen und Radio übertönen die leisen Stimmen in mir, ich mache die Nacht zum Tag – damit meine Träume und meine Sehnsucht mich bloß nicht unruhig machen.

Und auch da sind wir in bester Gesellschaft. Die Einwohner von Betlehem haben das Wunder der Heiligen Nacht glatt verschlafen.

Übrigens: Dieses Wunder ist nicht nur für die Nacht vom 24. auf den 25. Dezember reserviert – es kann in jeder Nacht geschehen, die wir zulassen. Und diese Nacht kann manchmal auch am helllichten Tag sein. Es ist die »Nacht« des Lauschens und Hörens, des »Nach-innen-Schauens«. Es ist die Nacht des Wartens und Suchens, es ist die »Nacht meiner Sehnsucht«. Es ist die Nacht derer, die wachen, und derer, die suchen.

Und dann geht plötzlich mitten in diesem Dunkel ein Licht auf – da strahlt ein Stern, da höre ich eine Stimme, da werde ich berührt. Das mag ein Gedanke sein, der mir plötzlich kommt, eine Idee, ein Text, vielleicht ein Lied. Unscharf vielleicht, undeutlich noch – und doch: Es ist da. Und es geht nicht mehr weg. Es nistet sich ein, so wie ein kleines Samenkorn, das in die Erde gelegt wird. Und dann fängt es an, Wurzeln zu schlagen, kleine Fäden, die sich ins Erdreich hineintasten, kräftiger werden.

Etwas kommt zur Welt, wird neu lebendig – und ich mache mich auf den Weg, um das Neue, das Andere zu suchen und zu finden. Ich wage den Aufbruch, ich gehe los.

Ja, manchmal peilen wir dann die falsche Adresse, den falschen Ort an. Wir suchen da, wo man erst mal suchen würde – so wie die drei weisen Männer. Klar, einen neugeborenen König sucht man am Königshof. Aber dort, wo man »es« auf den ersten Blick vermuten würde, da ist »es« nicht. »Es« ist nicht da, wo Geld und Macht ist, nicht auf der scheinbaren Sonnenseite des Lebens, nicht in dem, was uns von Werbung und Zeitschriften und Fernsehen als Leben verkauft wird. Die drei weisen Männer müssen weiterziehen. Und getrieben von ihrer Sehnsucht, ihrer Hoffnung, ihren Träumen, gehen sie weiter – und landen in einem Stall, bei den Ärmsten der Armen …

Die Hirten bei den Herden, wachend, ihren Dienst tuend. Tagelöhner wahrscheinlich, die von anderen, die so reich sind, dass sie Herden haben, dafür bezahlt werden, dass sie nachts darauf aufpassen. Man muss es gar nicht romantisch verklären – es ist kein leichter Job. Man wacht, wenn andere schlafen, man schläft, wenn andere wach sind. Die beste Voraussetzung, um soziale Kontakte zu verlieren. Man behütet das Eigentum anderer und hat selbst nichts, was zu bewachen wäre. Man wäre selbst gern reich und muss doch zufrieden sein, wenn es zum Leben reicht. Und die Nacht ist kalt und rau draußen auf dem freien Feld. Und genau zu denen, von denen keiner was will, die niemanden groß interessieren, kommt ein Engel, ein Bote Gottes. Und der will was, aber er will nichts von ihnen – er will etwas für sie. Er hat eine Frohe Botschaft, die in dieser Nacht zur Welt kommt, die Hand und Fuß bekommt.

Sie treffen sich dort, die Hirten und die Könige, bei dem kleinen Kind, von dem dieser Zauber ausgeht, bei dem Kind, das alles verwandelt. Und fast ist es schon egal, ob es wirklich ein Stall war, wo sich das ereignet hat (Lukas spricht immer nur von einer »Krippe«) oder ein Haus in Betlehem ... und eigentlich ist es auch gar nicht so wichtig.

Wichtig ist, dass die Hoffnung zur Welt kommt, sich so klein macht, dass sie in unser Leben hineinpasst (denn eigentlich ist sie ja so unsagbar viel größer!) – und dass damit etwas ganz Neues beginnt. Dass denen, die wach sind, ein Engel erscheint – und denen, die suchen, ein Stern leuchtet.

Und dass, zugegeben, die meisten all das verschlafen. Auch das wird mir erst jetzt klar: Niemand bekommt einen Auftrag, die schlafenden Einwohner Betlehems aufzuwecken, da veranstalten keine Engel irgendein Trompetenkonzert, da wird kein Event daraus gemacht, und auch die Presse und das Fernsehen waren wohl nicht vor Ort. Die Geburt Jesu, die Geburt unserer Hoffnung, ist eindeutig keine Massenveranstaltung. Man hätte ja nun wirklich mehr draus machen können ... aber das war wohl nicht gefragt. Das Geheimnis kann dort Wirklichkeit werden, wo Menschen suchen, fragen, hören. Wo Menschen in die Nacht hinein lauschen, wachen und suchen. Dann leuchtet ein Stern, dann berührt ein Engel ...

Sie kamen als Könige, sie kamen als Hirten – und sie kehren verwandelt zurück. Nach dieser Erfahrung ist nichts mehr so, wie es mal war. Ja, sie mögen versucht haben, von dieser Erfahrung zu erzählen – wahrscheinlich eher stammelnd, stotternd. Sie waren die ersten Zeugen, die allerersten, die bis dahin nicht irgendwie persönlich involviert waren. Sie kamen als Fremde, und mag sein, sie gehen als Staunende, Verwirrte, Erfüllte, Überraschte …

Sie kamen als Hirten – und gingen als Könige, weil dieses Kind ihnen ihre königliche Würde zurückgegeben hat, ihre Würde als Mensch. Vielleicht auch: Sie kamen als Könige – und gingen als Hirten, weil das Kind ihnen bewusst gemacht hat, dass ihre Talente und Gaben etwas sind, was sie weiterzugeben haben. Reichtum ist nicht für mich selbst da, sondern ist mir dazu gegeben, dass ich ihn mit anderen teile.

Das ist das Geheimnis der Heiligen Nacht. Sie verwandelt. Sie macht Hirten zu Königen und Könige zu Hirten. Ich komme als Hirte und gehe als König. Und mag sein, dass ich als König komme – und als Hirte gehe. Und genau deshalb gehören alle miteinander dazu, Hirten und Könige (auch wenn Lukas und Matthäus eigentlich etwas ganz Verschiedenes ausdrücken wollen).

Und deshalb kann es gut sein, dass ich in diesem Jahr die Heiligen Drei Könige schon am Weihnachtsabend zu den Hirten und der Heiligen Familie dazustelle … auch wenn sie eigentlich erst ein paar Tage später »ankommen«. Sie gehören dazu. Jetzt schon …

Übrigens – eine Bewohnerin aus Betlehem war in dieser Nacht doch dabei. Aber das wissen Sie ja bereits ... *(wenn Sie die Geschichte von Felicitas, dem glücklichen Weihnachtsengel, schon gelesen haben ...).* ✍

Wie die Sterne ihre Zacken verloren

Ob es Ihnen wohl schon einmal aufgefallen ist: Wenn wir Sterne basteln oder als Plätzchen ausstechen oder einen Stern malen – er hat immer Zacken, meistens fünf, manchmal sechs, gelegentlich auch sieben. Es sind die Zacken, die einen Stern zu einem Stern machen, und wenn man diese Zacken wegnehmen würde, würde kein Mensch mehr einen Stern als Stern erkennen – das, was dann übrig bliebe, wäre so etwas wie ein Kreis oder eine runde Teigplatte oder was weiß ich. Also: jeder vernünftige Stern hat einfach Zacken zu haben.

Aber wenn Sie mal in einer dunklen, klaren Nacht in das Dunkel des Himmels hinaufschauen – was sehen Sie da? Ja, Hunderte, wenn nicht Tausende von Sternen … ohne Zacken. Sie stehen einfach am Firmament, als kleine Lichtpunkte, manche heller, andere weniger hell – aber auf jeden Fall: ohne Zacken!

Was stimmt denn nun? Hat ein Stern Zacken – oder hat er keine? Okay, ich verrate es Ihnen: Es gab mal eine Zeit, da hatten auch alle Himmelssterne Zacken, aber dann ereignete sich etwas, das die Sterne dazu veranlasste, ihre Zacken herzugeben, und seit der Zeit stehen sie einfach als Punkte am großen, dunklen Himmelszelt.

Haben Sie Lust auf die Geschichte?

Es war vor langer, langer Zeit. Die Erde war noch nicht so dicht besiedelt wie heute, die Menschen lebten einfacher damals, sie gingen schlafen, wenn es dunkel wurde, standen auf, wenn es hell wurde, lebten von dem, was auf der Erde wuchs. Aber auch damals gab es schon Leid und Unglück auf der Welt, manche Menschen waren einsam, andere waren krank. Und immer wieder waren Menschen traurig.

Das gefiel Gott überhaupt nicht. So viel Leid, so viel Trauer, so viel Angst! Und dabei liebte er die Menschen doch! Und er hatte so manche schlaflose Nacht, wenn er überlegte, was er denn tun könnte, damit die Menschen nicht so einsam und allein wären.

Und dann hatte er eine wunderbare Idee: Er selbst würde Mensch werden, würde mit den Menschen mitleben. Dann wären sie bestimmt ein bisschen weniger einsam, hätten ein bisschen weniger Angst, wären ein bisschen weniger traurig! Und er selbst fand das eine ganz tolle Idee!

Aber wie sollte er das anstellen? Er konnte doch nicht einfach als Gott unter Menschen ... da würden die bestimmt erschrecken und noch mehr Angst haben. Zugegeben, Gott brauchte ein paar Tage, bis er eine Lösung fand – er würde einfach als Kind zur Welt kommen! Vor einem Kind würde sich niemand fürchten! Und – er würde bei einfachen Leuten zur Welt kommen, nicht in einem Palast oder so, denn er wollte ja zu allen Menschen gehören!

Gott gefiel dieser Gedanke, aber dann hielt er plötzlich inne: Na ja, aber wie würden denn die Menschen dann mitbekommen, dass er zur Welt gekommen war? Irgendwie informieren müsste man ja schon ... Und jetzt war Gott wirklich ein bisschen ratlos. Damals gab es ja noch keine Zeitungen und keine Nachrichten im Fernsehen, das würden die Menschen erst sehr viel später erfinden. Wie also sollte man die Information weitergeben?

Kurzentschlossen rief er seinen himmlischen Beraterstab zusammen, der aus einigen Oberengeln, Petrus und seinem Bruder Andreas und einigen anderen Experten bestand.

»Hört zu!«, sagte Gott. »Ich habe mich entschlossen, als Mensch zur Welt zu kommen …« – und musste mitten im Satz innehalten, denn jetzt ging doch ein Geraune und Geflüster und Gewisper los: »Was, Gott will zur Welt kommen?« – »Das hatten wir ja noch nie!« – »Tolle Idee!« – »Was will er denn damit erreichen?« – Wie so oft bei neuen Ideen gab es Begeisterung, Verwirrung, Protest, Fragen, Zustimmung … ach, Sie kennen das ja!

»Halt!«, sagte Gott entschieden, »es ist beschlossene Sache! Darüber brauchen wir gar nicht mehr zu diskutieren. Ich brauche aber euren Rat, wie wir die Menschen am besten darüber informieren. Denn es macht gar keinen Sinn, dass ich zur Welt komme, wenn keiner das mitkriegt!«

Nach einigem Zögern meldete sich der Erzengel Michael: »Ich hätte eine Idee«, sagte er, »wir könnten natürlich alle Engel abordnen, in dieser Nacht zur Erde zu fliegen und dort ›Hosianna‹ zu singen. Natürlich werden das nicht alle hören und mitbekommen … aber diejenigen, die wach sind, können uns schon hören und sehen …« – Sein Vorschlag traf auf allgemeine Zustimmung, alle Engel – das wäre schon mal nicht schlecht!

Und dann schwieg wieder jeder und dachte nach …

Dann sagte Matthäus: »Na ja, das ist ja recht und schön – aber eigentlich sollte es doch auch ein bisschen was hermachen, wenn Gott zur Welt kommt. Und Betlehem ist nun nicht gerade der Nabel der Welt. So ein paar ganz offizielle Vertreter, das wäre schon ganz schön!« – »Um meines Willen«, protestierte Gott sofort energisch, »bloß keinen Staatsbesuch!« – »Nein«, sagte Matthäus nachdenklich, »daran dachte ich eigentlich auch nicht. Aber so ein paar weise und erfahrene Männer? Irgendwo von weither, die ein bisschen was hermachen?«

Der hl. Jakobus meldete sich zu Wort: »Könnte ich mir gut vorstellen! Sich auf den Weg machen zu Gott, nicht einfach irgendwo sitzenbleiben! Aber wie sollen sie denn wissen, dass sie aufbrechen und losgehen sollen – und wie um alles in der Welt finden sie den Weg?«

Wieder breitete sich Schweigen aus, bis der hl. Christophorus plötzlich sagte: »Ich hab's! Wir schicken ihnen einfach einen Stern! Der soll ihnen den Weg weisen!« Und in der Hoffnung, dass die Himmelskonferenz mit der Idee bald zu einem Ende kommen würde, stimmten alle erleichtert zu. Ein Stern! Das wäre die Lösung!

Der hl. Christophorus wurde damit beauftragt, entsprechenden Kontakt mit den Sternen aufzunehmen – und er dachte nur leise seufzend: »Tja, das hat man nun davon, wenn man eine Idee hat … dann folgt die Arbeit direkt hinterher!« Aber es war schon okay für ihn, wenn Gott partout zur Welt kommen wollte, dann sollte es an ihm nicht scheitern.

Und so beschloss er, gleich auf seinem Heimweg bei Luxi vorbeizugehen, dem Ober-Stern. Was getan ist, ist getan.

Er klopfte höflich an Luxis Wohnungstür an und zog vorsichtshalber die Kapuze seines Mantels über die Augen, denn er wusste aus Erfahrung, dass Sterne ziemlich hell waren und einen durchaus blenden konnten. »Herein«, rief es von innen, »wart mal, ich dimm mich grad etwas runter!« – und Christophorus trat in einen Raum, der von gleißendem Licht erfüllt war. »Hi Luxi!«, sagte er. »Hi Christophorus«, begrüßte Luxi ihn, »was bringt dich denn zu mir?« – »Wir brauchen eure Hilfe, Luxi«, sagte Christophorus einfach und ließ sich auf dem Sofa nieder. »Gerne«, antwortete Luxi, »sollen wir irgendjemandem heimleuchten oder soll jemandem ein Licht aufgehen?« – »Na ja, ungefähr so was ...«, antwortete Christophorus. »Ihr sollt drei weisen Männern im Orient erscheinen, sie auf die Geburt Gottes aufmerksam machen und sie nach Betlehem führen!« – Luxi reagierte prompt und umgehend: »Mehr nicht? Wie stellt ihr euch das denn vor?« – »Wir stellen uns gar nichts vor«, sagte Christophorus ein wenig müde, »Gott will es!« Luxi seufzte: »Okay, dann haben wir wohl keine Chance. Ich guck mal, was sich machen lässt ...«

Und dann holte er eine verheißungsvolle Flasche aus dem Schrank hervor, goss Christophorus und sich ein Glas ein, setzte sich zu ihm auf das Sofa, legte einen seiner Sternzacken um ihn und sagte nur trocken: »Prost! Auf die verrückten Ideen unseres Chefs!«

Am nächsten Morgen, nachdem der Nachtdienst vorüber war, rief Luxi eine ganz dringende Versammlung aller Sterne ein. Und er erläuterte ihnen, worum es ging: »Hört! Wir haben einen ganz wichtigen Auftrag vom Chef höchstpersönlich bekommen! Wir sollen im Osten so sehr leuchten, dass drei weise Männer mitbekommen, dass etwas ganz Entscheidendes geschehen ist und sich auf den Weg machen. Und wir sollen sie dabei führen und begleiten! Und natürlich ist das Ehrensache! Denn wenn Gott zur Welt kommen will, dann müssen wir alles dafür tun, dass es an uns nicht scheitert! Wer traut sich das zu?«

Unter den Sternen herrschte betretenes Schweigen. So sehr leuchten, dass drei Männer es mitbekommen würden – und sie dann noch den ganzen Weg nach Betlehem führen? Das war schon eine sehr große Aufgabe! Und das traute sich keiner zu …

Schließlich meldete sich ein erfahrener Stern mit ruhiger Stimme zu Wort: »Luxi, das packt keiner von uns alleine! Wir können ja schon ganz kräftig leuchten – aber das muss wirklich etwas ganz Außergewöhnliches sein. Ich trau es mir jedenfalls nicht zu!« – und alle Sterne murmelten ihre Zustimmung.

»Okay«, meldete sich ein anderer Stern zu Wort, »wenn es keiner von uns alleine machen kann, dann müssen wir es eben zusammen machen, wir müssen alle zusammenrücken und sozusagen einen Megastern machen, der aus vielen Einzelsternen besteht. Das hatten wir zwar noch nie, aber wenn Gott das partout will, dann können wir es ja zumindest mal probieren.«

Luxi schaute nachdenklich. Der Stern hatte recht –

und zumindest war es eine Möglichkeit. »Also gut«, sagte er, »aber wir müssen das zuerst probieren, bevor wir Gott zusagen. Wir treffen uns morgen früh pünktlich nach Sonnenaufgang und probieren, ob das geht. Einverstanden?« Und alle Sterne nickten und wackelten als Zeichen ihres Einverständnisses mit ihren Zacken.

Gesagt, getan – am nächsten Morgen trafen sich alle Sterne in einer abgelegenen Ecke des Himmels. Und alle rückten ganz nah aufeinander ... und es war auch ganz schön und es war ganz hell – und doch: Immer wieder klafften dunkle Löcher, und es sah nicht aus wie ein großer heller Stern, sondern eher wie ein bunter Flickenteppich. Die Strahlen und Zacken waren einfach im Weg. Und sosehr sich die Sterne auch aneinanderschmiegten, sie kamen einfach nicht zueinander. Immer wieder war da eine Ecke eines Strahles, eine Zacke, die den einen Stern von dem anderen trennte. Es war zwar schön anzusehen – aber ob das irgendeinen erfahrenen und weisen Menschen aus dem Osten dazu bewegen würde, aufzubrechen und nach dem Mensch gewordenen Gott zu suchen?

»So geht es nicht«, sagte Luxi schließlich nach etlichen vergeblichen Versuchen, »ich fürchte, wir müssen den Auftrag an Gott zurückgeben, wir kriegen das nicht hin.«

»Moment mal«, sagte da ein kleiner und ganz junger Stern, »wie wäre es denn, wenn wir unsere Strahlen und Zacken abgeben – denn die sind es ja, die uns voneinander trennen? Dann könnten wir ganz dicht zusammenrücken und miteinander ganz hell leuchten!«

Einen Moment lang war Schweigen unter den Sternen, dann brach ein regelrechter Tumult los. »Meine Strahlen abgeben? Wie komm ich denn dazu? Wer bin ich denn dann noch?«, polterte ein Stern los. »Für Gott gebe ich gerne meine Strahlen und Zacken her«, sagte ein anderer Stern leise, »wenn es den Menschen hilft.«

Kurz und gut – nach langem, langem Diskutieren einigten sich die Sterne darauf, ihre Zacken und Strahlen herzugeben, um sich ganz nah aneinanderlegen zu können und so gemeinsam zu einem so hellen Stern zu werden, dass sogar diese drei weisen Männer aus dem Orient ihn wahrnehmen mussten und sich auf den Weg machen würden.

Ja, es hat geklappt. Matthäus hat uns davon in seinem Evangelium erzählt. Na gut, er spricht von einem Stern – aber wie soll man das auch erklären, was damals passiert ist. Ein einzelner Stern hätte das gar nicht hingekriegt. Die drei Weisen haben den Stern, der eigentlich eine Versammlung aller Sterne war, gesehen und sind ihm gefolgt. Und sie kamen bei dem Kind in Betlehem an.

Seit der Zeit haben die Sterne keine Zacken mehr. Sie haben sie hergegeben, um miteinander den drei Weisen den Weg zu zeigen, sie haben sie für die Ehre Gottes hergegeben.

Deshalb sehen wir heute die Sterne nur noch als Punkte, manche heller, andere weniger hell.

Und das ist zugleich der Grund, warum wir heute immer noch Sterne mit Zacken malen, basteln und ausstechen – das, was die Sterne damals hingekriegt haben, haben wir noch nicht geschafft. Jeder von uns geht seinen Weg ganz alleine und dann wundern wir uns manchmal, dass wir nicht so richtig leuchten können.

Die Botschaft der Sterne ist eine andere: Wir müssen uns verbünden, um wirklich leuchten zu können.

Na gut, wir brauchen dabei nicht alle Strahlen und Zacken abzugeben, denn es ist ja auch nicht gerade erstrebenswert, zu irgendwelchen langweiligen und kreisrunden Plätzchen zu werden, die immer überall hineinpassen – aber vielleicht lohnt es sich, doch einmal darüber nachzudenken, ob wir wirklich alle Strahlen und Zacken für uns brauchen oder ob wir nicht doch den einen oder anderen hergeben könnten, um gemeinsam das Ziel zu erreichen. ∽

an der krippe

ich mach mich
auf den weg
ich breche auf
ich gehe los

> ich steh
> an deiner krippen hier
> o jesu
> du mein leben

leere hände
was sollte ich dir
schon
schenken?

> ich komme
> bring und schenke dir
> was du mir hast
> gegeben

mein vertrauen
und meine hoffnung
meine angst und
alle zweifel

> nimm hin es ist mein
> geist und sinn
> herz, seel und mut, nimm alles hin
> und lass dir's wohlgefallen

ich steh an deiner krippen hier
so wie ich bin
heute, hier und jetzt
mit grenzen und unmöglichkeiten

komm in mein leben hinein
erfülle mich
sei mit mir
sei in mir

komm
zur welt

in
mir

*Die eingerückten Zeilen sind der Text
der ersten Strophe des Liedes »Ich steh
an deiner Krippe hier« von Paul Gerhardt.*

Von der Stille der Heiligen Nacht

Am Samstag vor dem ersten Advent leitete ich einen Besinnungstag für Religionslehrer in einem Städtchen im Badischen. Wir waren in einer kleinen Kirche mitten am Marktplatz – und um uns herum war der Weihnachtsmarkt in vollem Gange. Vom Karussell dudelte »Jingle Bells« herüber, man hörte fröhliches Stimmengewirr, drüben sang ein Kinderchor »Leise rieselt der Schnee«. In einer Pause stand ich zufällig mit dem Pfarrer zusammen, dessen Pfarrhaus am Rande des Marktplatzes steht. »Geht das die ganzen vier Wochen so?«, fragte ich mitfühlend. »Ja«, seufzte er, »mit der Stille ist es vorbei, wenn die Blasmusik ›Stille Nacht‹ spielt ...« Es war seltsam, aber dieser Satz ließ mich die folgenden Tage nicht mehr los: »Mit der Stille ist es vorbei, wenn die Blasmusik ›Stille Nacht‹ spielt.« Wie ist das denn tatsächlich mit der »Stille der Heiligen Nacht«?

Die Wochen vor dem Fest sind für die meisten wohl alles andere als still. Viele Erwartungen und Hoffnungen werden mit Weihnachten verbunden. Manchmal scheint es fast so, als ob das »schöne Fest« zum Jahresende all das wettmachen soll, was im Laufe des Jahres eben nicht »schön« war. Und dann soll Weihnachten das »perfekte Fest« werden – mit viel Freude und viel Fröhlichkeit! Stille Nacht? Das ist eigentlich eher nicht vorgesehen.

Nichts gegen ein schönes Fest, nichts gegen liebevoll ausgesuchte Geschenke, nichts gegen Freude und

Fröhlichkeit! Ich genieße den Heiligabend auch mit Freunden, einem guten Essen. Aber dafür bräuchte es nicht unbedingt Weihnachten, das geht auch am Geburtstag oder bei der Feier einer Goldenen Hochzeit.

Ob Weihnachten und Stille vielleicht doch etwas miteinander zu tun haben, wenn es mehr als »nur« ein schönes Fest sein soll? »Stille Nacht, heilige Nacht …«? Könnte das die Spur sein?

Immer dann und dort, wo etwas »Heiliges« ins Spiel kommt, wenn man sich vom Heiligen berühren lässt, da verstummt man, wird man leise. Das ist so, als ob die Seele auf einmal ins Lauschen kommt, ins Lauschen auf nie gehörte Worte, ungesungene Melodien, Klänge und Töne. Um das aber erlauschen zu können, muss es still sein, still um mich herum, aber auch still in mir. Es gibt solche Momente im Leben. Das kann der Augenblick sein, wenn eine Mutter ihr neugeborenes Kind im Arm hält oder Liebende sich einfach anschauen und verstehen. Das kann der Regenbogen sein, der am Himmel steht – oder ein Sonnenuntergang am Meer, Momente, in denen ich ganz still werde und mich vom Heiligen berühren lasse.

Ein »heiliger Abend« ohne solche »heiligen Momente« wäre nicht anders als jedes andere Fest.

Klar – ich kann solche heiligen Momente nicht »machen«, sie sind immer Geschenk. Aber ich kann wenigstens die Voraussetzungen dafür schaffen, indem ich bewusst in diesen Stunden der Freude und der Gemeinschaft auch einmal die Stille suche. Das kann der Moment beim Anzünden einer Kerze sein, der liebevolle Blick auf das schlafende Kind, der kurze

Gang vor die Haustür und der Blick in den Sternenhimmel, auch das »Gänsehaut-Gefühl«, wenn der Kirchenchor das »Transeamus« anstimmt – Momente, in denen das Heilige mich vielleicht berühren kann.

Was aber ist mit denen, für die die Heilige Nacht bereits viel zu still ist? Mit denen, die einsam zu Hause sitzen, weil sie keinen Menschen haben? Mit denen, die sich an diesem Abend nicht freuen können, weil sie um einen Partner, ein Kind, einen Freund trauern? Mit denen, die den Heiligen Abend im Krankenhaus verbringen müssen, vielleicht voll Sorge in die Zukunft schauen? Diese Stille ist nicht immer leicht auszuhalten – und sie soll auch nicht billig weggetröstet werden. Aber vielleicht sind diese Menschen dem Geheimnis dieser Nacht näher als so mancher, der »nur« ein schönes Fest feiert: »Alles schläft, einsam wacht nur das traute hochheilige Paar ... Christ, der Retter ist da!« Jesus Christus kann nur dort »ankommen«, wo man ihn braucht, wo man seiner bedarf. Es waren die Hirten, die in der Stille der Nacht bei ihren Herden gewacht haben, die die Botschaft des Engels gehört haben. Die Bevölkerung von Betlehem hat das eigentliche Ereignis dieser Nacht verschlafen.

»Während tiefes Schweigen alles umfing und die Nacht in ihrem schnellen Lauf bis zur Mitte vorgerückt war, da sprang dein allmächtiges Wort vom Himmel her, vom königlichen Thron« (Buch der Weisheit 18,14–15a) – der Heiligabend braucht die Stille und das Wach-Sein, um für mich zur Heiligen Nacht werden zu können. ✍

Weihnachten ist Schmetterling

Es war eine beeindruckende Predigt unseres Pfarrers am ersten Weihnachtsfeiertag. In der Kirche war es so still, dass man fast eine Stecknadel hätte fallen hören können – und niemand, aber auch wirklich niemand, kam auf die Idee zu niesen oder zu husten.

Er predigte darüber, dass das Kreuz neben der Krippe steht und dass Weihnachten die Kreuze unseres Lebens nicht wegnimmt, die Dunkelheit, die Einsamkeit, den Tod, die Angst. Aber das Licht der Weihnacht leuchtet in dieses Dunkel hinein – und genau deswegen darf Weihnachten nicht nur drei Tage lang dauern. Wir brauchen das gesamte Jahr über, immer wieder, Weihnachten – wir brauchen das Licht des Mensch gewordenen Gottes, das in die Dunkelheiten unseres Lebens hinein leuchtet.

Er beendete seine Predigt sehr kraftvoll und engagiert mit seinen Wünschen an die Gemeindemitglieder: dass Weihnachten im kommenden Jahr für uns immer wieder neu geschehen möge, dass wir aus der Liebe, der Hoffnung, dem Glauben, der Botschaft des Lichtes leben mögen …

… und genau in diesem Moment flatterte ein Schmetterling durch den Altarraum …

Nein, ich habe keine Erklärung, wie dieser Schmetterling mitten am 25. Dezember in den Altarraum unserer Kirche kam. Er flatterte jedenfalls ganz lebendig im Kirchenraum umher – und ich gebe zu, ich habe das Glaubensbekenntnis auch schon einmal etwas aufmerksamer gebetet.

Irgendwie kam mir dieser Schmetterling wie die lebendige Umsetzung des Predigtgedankens des Pfarrers vor: Weihnachten ist Schmetterling!

Dieser Schmetterling des ersten Weihnachtsfeiertages kam völlig überraschend, keiner hatte damit gerechnet. Weihnachten ist nicht ein Datum, sondern der Tag, an dem sich die Zärtlichkeit Gottes den Menschen zeigt – vollkommen unaufdringlich. Weihnachten lässt sich nicht einfangen und zu irgendwelchen Zwecken missbrauchen – und mag sein, wenn du es festhalten willst, dass du dann die zarten Flügel verletzt. Du kannst nur staunend davorstehen – und diesem kleinen Wunder, wie es *Hilde Domin* so schön sagt, die Hand hinhalten. Das ist Weihnachten. Ein Schmetterling fliegt mitten im Winter umher – und lehrt dich das Staunen.

In das Dunkel deines Lebens leuchtet ein Licht auf.

In der Hoffnungslosigkeit wächst eine Ahnung.

In die Verlorenheit kommt ein Anruf.

In die Einsamkeit ein liebender Blick.

Weihnachten kommt nicht mit Macht und Herrlichkeit. Es bleibt: ein Stall, dreckig und dunkel. Es bleibt eine kleine Familie, die nicht so recht weiß, was da geschieht. Es bleibt ein kleines Kind, von dem ein Licht ausgeht.

Weihnachten ist ein Schmetterling. Nicht machbar, sondern Geschenk. Leben trotz allem. Den leisen Tönen trauen, zart bleiben. Das ist Weihnachten.

Ein Schmetterling eben. ✍

Was ist anders geworden?

Der Engel trat bei Maria ein und sagte:
Sei gegrüßt, du Begnadete, der Herr ist mit dir.
Du wirst ein Kind empfangen,
einen Sohn wirst du gebären.
Maria sagte zu dem Engel:
Wie soll dies geschehen, da ich keinen Mann erkenne?
Der Engel antwortete ihr: Heiliger Geist wird über dich
kommen und Kraft des Höchsten wird dich überschatten.
Da sagte Maria: Ich bin die Magd des Herrn;
mir geschehe nach deinem Wort.
Dann verließ sie der Engel.

LUKAS 1,28.31.34–35a.38

Maria machte sich in diesen Tagen auf und eilte in eine
Stadt im Gebirge von Judäa. Sie trat in das Haus des
Zacharias und begrüßte Elisabet. Und Maria blieb etwa
drei Monate bei ihr, dann kehrte sie in ihr Haus zurück.

LUKAS 1,39–40.56

Auch Josef zog von der Stadt Nazaret in Galiläa hin-
auf nach Judäa in die Stadt Davids, die Betlehem heißt.
Denn er war aus dem Haus und Geschlecht Davids. Er
wollte sich mit Maria eintragen lassen, seiner Frau, die
schwanger war. Während sie dort waren, kam für Maria
die Zeit ihrer Niederkunft, und sie gebar ihren Sohn, den
Erstgeborenen, wickelte ihn in Windeln und legte ihn in
eine Krippe, weil in der Herberge für sie kein Platz war.

LUKAS 2,4–7

143

In derselben Gegend waren Hirten auf dem Feld,
die bei ihrer Herde Nachtwache hielten.
Da trat der Engel des Herrn zu ihnen und sagte:
Heute ist euch der Retter geboren.

LUKAS 2,8–11

Als die Engel von ihnen in den Himmel gegangen waren,
sagten die Hirten zueinander: Lasst uns nach Betlehem
gehen und sehen, was geschehen ist und was der Herr uns
kundgetan hat. Sie kamen eilends hin und fanden Maria und
Josef und das Kind, das in der Krippe lag.

LUKAS 2,15–16

Die Hirten kehrten zurück, priesen und lobten
Gott für alles, was sie gehört und gesehen hatten,
so wie es ihnen gesagt worden war.

LUKAS 2,20

Ja, es kann sein, dass Ihnen eben beim Lesen der Texte ein wenig schwindlig geworden ist! Das ist aber auch ein Hin und Her – ein Engel kommt und geht, Maria bricht auf zu Elisabet und verlässt sie wieder, Josef zieht mit Maria nach Betlehem. Engel kommen zu den Hirten und kehren in den Himmel zurück, die Hirten verlassen ihre Herden, gehen zur Krippe und machen sich wieder auf den Heimweg. Und dabei haben wir die Heiligen Drei Könige, die im Moment noch auf ihrem Weg sind, nicht einmal berücksichtigt, ganz zu schweigen von der Flucht nach Ägypten und der Heimkehr nach Nazaret.

Aufbrechen, losziehen, ankommen, eintreten – um dann wieder wegzugehen, zu verlassen, zurückzukehren. Könnte es sein, dass genau das Weihnachten ist? Ankommen, um wieder loszugehen?

Aufbrechen, losziehen, ankommen, eintreten – ja, einen gewissen Weg braucht es schon, um zur Krippe zu kommen. Gott kommt in der Verlassenheit eines Stalles zur Welt, nicht auf dem Marktplatz von Betlehem, nicht im Central Park von New York und nicht auf dem Apostelplatz von Viernheim. Wer ihn sehen will, der muss sich auf den Weg machen, der muss suchen, um finden zu können, der muss aufbrechen, losziehen, ankommen, eintreten. Eigentlich ist es genau das, was Advent meint – unser Weg hin zu Weihnachten.

Und dann ist man endlich da – und geht doch wieder weg. Am Ziel angelangt – und man kann nicht bleiben. Die Krippe der Weihnacht ist nur vorübergehend. Maria und Josef erklären sie nicht zu ihrem neuen Zuhause, die Hirten kehren zurück, und auch die Heiligen Drei Könige werden sich wieder auf den Heimweg machen. Und die Engel stellen keine dauerhafte Ehrenwache dort auf.

An der Krippe kann man nicht bleiben – so schön und so nett das auch sein mag. Weihnachten kann man nicht festhalten, und man kann die Feiertage auch nicht zum Alltag machen. Das schöne Gefühl ist nicht von Dauer. Wir werden Weihnachten wieder verlassen müssen, um in unseren Alltag zurückzukehren. Spätestens Mitte Januar kehrt wieder der Alltag ein, mit all seinen Pflichten, seiner Arbeit, seinen Sorgen.

Nein, unser Alltag wird sich durch Weihnachten nicht ändern. Die Kinder gehen immer noch zur Schule, Sie müssen fürs Mittagessen sorgen oder pünktlich um 8 Uhr auf der Arbeit sein. Es gibt immer noch Wäsche zu waschen und Briefe zu beantworten. An dem »Um-uns-herum« ändert sich erst mal gar nichts. Das ist nach Weihnachten genauso, wie es vor Weihnachten war.

Ankommen, um neu aufzubrechen, wegzugehen, zurückzukehren. Das ist Weihnachten. Aber – und genau das ist der Prüfstein – verlassen wir Weihnachten anders, als wir gekommen sind? Hat Weihnachten etwas in uns verändert? Gehen wir anders in unseren Alltag zurück?

Könnte es sein, dass sich etwas in mir verändert hat, wenn ich an der Krippe war – und dass ich verändert in den gleichen Alltag zurückkehre? Vielleicht ein bisschen vertrauender, ein bisschen getrösteter, ein bisschen hoffnungsvoller? Was nehme ich mit von der Krippe in meinen Alltag hinein?

Es muss nicht viel sein, vielleicht reicht ein Strohhalm: ein Strohhalm Hoffnung, ein Strohhalm Zuversicht, ein Strohhalm Trost. Der Strohhalm, den wir mitnehmen, das ist nicht irgendein Strohhalm – das ist ein Strohhalm, der in der Krippe gelegen hat, der uns mitten in unserem Alltag davon erzählen kann, dass Weihnachten wirklich war. Dass Gott Mensch wurde, um uns ganz nahe zu sein. Und dass mit ihm die Hoffnung und der Trost, die Liebe und die Zuversicht in unser Leben gekommen sind. Das ändert zwar an dem »um-mich-herum« erst einmal gar nichts – aber es kann mich verändern, wenn vielleicht auch nur einen Strohhalm weit, einen Strohhalm tief oder einen Strohhalm lang. Und immer dann, wenn ich mich verändere, wird sich mein »um-mich-herum« verändern – vielleicht nur einen Strohhalm weit, einen Strohhalm tief oder einen Strohhalm lang. Aber es kommt was in Bewegung.

Weihnachten: aufbrechen, losziehen, ankommen, eintreten – um dann wieder wegzugehen, zu verlassen, zurückzukehren. Mit einem Strohhalm in meiner Hand.

Mit mehr nicht, aber auch nicht mit weniger. ✍

Heilige Nächte

Endlose Weite
in die ich mich
verlieren will
und kann

am dunklen Himmel
das Sternbild des Orion
Wolkenfetzen
vom Mond geheimnisvoll erhellt

Schnee blinkt
auf den Feldern
vom Dunkel
verzaubert

und ich
lass mich
berühren
und bin

rau
karg
und herb
und doch voll Zartheit

bewegt
berührt
verletzbar
und stark zugleich

irgendwas
ist
anders
geworden

Über denen,
die im Land der Finsternis wohnen,
strahlt ein Licht auf.

JESAJA 9,1

Krippe und Kreuz

das Dunkel der Welt
ist der Schatten des Kreuzes

das Licht der Krippe
nimmt all das nicht weg

aber es leuchtet
in dieses Dunkel hinein

Krippe und Kreuz
sind nicht zu trennen

das Licht der Krippe
kennt den Tod

und das Kreuz enttarnt
die falschen Lichter

Kreuz und Krippe
gehören zusammen

und weil es
das Kreuz gibt

brauchen
wir

das Licht
der Krippe

nicht nur einmal
im Jahr

Weihnachten kostet was

wenn du
Weihnachten
einmal im Jahr
feierst

kostet es dich
Geschenke
Harmonie
Zeit

wenn
Weihnachten
weitergehen
soll

kostet es dich
deinen Glauben
deine Hoffnung
deine Liebe

dann kostet es dich

dein Leben

Nimm den Esel mit!
Weihnachtlich leben

Weihnachten, das ist eines der »Groß-Ereignisse« in den Gemeinden – an keinem Tag sind die Kirchen voller, selten sind die Terminkalender der pastoralen Mitarbeiter perfekter koordiniert, um alle Krippenfeiern und Christmetten für vier oder fünf Gemeinden irgendwie hinzukriegen – und während alle anderen sich an eher ruhigen Tagen zwischen den Jahren erfreuen, läuft schon wieder die Sternsingeraktion an.

Was aber bleibt von Weihnachten? Gibt es Botschaften, Bilder, Einladungen dieses Festes, die die restlichen elf Monate des Jahres tragen und Hoffnung geben? Was bedeutet mir Weihnachten im Juli nächsten Jahres, wenn es draußen brütend heiß ist – und »Leise rieselt der Schnee« tatsächlich zu einer erstrebenswerten Vision wird? Und vielleicht können die ruhigeren Tage zwischen den Jahren eine Möglichkeit sein, mal zu überlegen, was von Weihnachten wirklich bleibt – oder wie ich Weihnachten ins kommende Jahr »hinüberretten« kann.

Ich probiere es mal mit elf Hinweisen – für jeden Monat des kommenden Jahres bis zum Advent einen, damit Weihnachten nicht nur ein einmaliges Ereignis im Jahr bleibt, sondern vielleicht doch den einen oder andern Impuls geben kann. (Und ich gestehe es lieber gleich: Ich greife auf manche alte Bilder unserer Volksfrömmigkeit zurück, die nicht unbedingt biblisch belegt sind, und ich werde auch ziemlich kühn zwischen dem Lukas- und dem Matthäusevangelium hin- und herwirbeln. Wie genau das damals abgelaufen ist, das kann sowieso keiner sagen – aber dass sich diese Bilder zweitausend Jahre lang »bewährt« haben und immer noch präsent sind, spricht zumindest erst mal für sie …)

Gib dem Engel eine Chance!

Weihnachten fängt damit an, dass Maria da ist, als der Engel kommt. Das ist gar nicht so selbstverständlich. Sie hätte ja auch unterwegs sein können, bei der Sitzung einer Arbeitsgruppe oder dem monatlichen Hausfrauentreff in Nazaret. Okay, wenn der Engel es wirklich gewollt hätte, dann hätte er sie auch dort gefunden … aber Begegnungen zwischen Gott und Mensch haben oft auch etwas Intimes in sich, etwas, was keinen anderen etwas angeht. Ich kann so im Trubel meines Alltags untergehen, dass der Engel, und damit der Anruf Gottes, wirklich keine Chance hat, bei mir zu landen. Mit all dem Lauten und all dem Vielen um mich herum kann ich auch erfolgreich vermeiden, dass ich Gottes Stimme in meinem Leben höre.

Mir Zeit nehmen für mich und meinen Gott, still werden, hören, da sein.

Fragend bleiben

Es ist eine gute alte Beraterweisheit: Wer fragt, der sucht und ist offen für neue Möglichkeiten. Jede vermeintlich gefundene Antwort stoppt den Suchprozess – und die Antwort »Das haben wir noch nie so gemacht« ist absolut tödlich. Maria fragt: »Wie soll das geschehen?«, damit öffnet sie sich. Wäre ihre Antwort gewesen: »Das haben wir aber noch nie so gemacht!« (womit sie ja durchaus recht gehabt hätte!) – ob Gott dann hätte zur Welt kommen können? Denn das war ja wirklich noch nie so!

Weihnachtlich leben heißt Fragen zulassen und sich auf die Suche begeben. Das heißt, offen sein für neue, andere Antworten.

Und mag sein, es gilt gerade, wenn vieles im Umbruch ist. Vielleicht müssen wir, vielleicht muss ich neu fragen lernen. »Das haben wir noch nie so gemacht!« hilft nicht weiter. »Wie soll das geschehen?« könnte neu zum Suchen einladen. Antworten zu haben kann manchmal bequemer sein – aber schon eines der ersten uns »überlieferten« Gespräche Gottes mit dem Menschen war eine Frage: »Mensch, wo bist du?« Fragen zulassen, aushalten, nicht vorschnell in Antworten flüchten.

Neues zur Welt kommen lassen

Etwas Neues will zur Welt kommen, will in mir zur Welt kommen. Und es kann nur in mir und durch mich zur Welt kommen! Gott braucht Menschen, um Mensch werden zu können. Er wird dabei nie gegen mich handeln, er zwingt nicht. Aber er wirbt – sanft, unaufdringlich, beharrlich. Er traut mir zu, dass in mir etwas ganz Neues geboren wird – er traut mir zu, dass er in mir geboren werden kann, dass er in mir selbst neu zur Welt kommen kann.

Dieses Neue, das da geboren sein will, mag sehr klein sein, sehr schutzbedürftig, auf meine Hilfe und mein »Ja« angewiesen. Aber es lebt! Und damit es leben kann, braucht es meine Bereitschaft.

Mich Gott zur Verfügung zu stellen, damit etwas Neues in mir und durch mich werden kann. Mutter und Vater sein für das Neue, das werden will – ihm meine Liebe schenken, meine Fürsorge. Die harte Krippe mit Stroh auslegen, im Dunkeln die Laterne anzünden, es liebevoll in den Arm nehmen, schützen und bergen.

Sich überraschen lassen

An Weihnachten kalkuliert man sozusagen die Überraschung mit ein, rechnet sogar damit und hofft sogar darauf – und freut sich, wenn einem selbst eine Überraschung mit einem unverhofften Geschenk gelungen ist.

Aber im wirklichen Leben? Sind wir da wirklich noch bereit, uns überraschen zu lassen? Na ja, wenn es schöne Überraschungen sind, nimmt man sie gerne mit – zumindest habe ich noch keinen getroffen, der sich über einen Lotto-Gewinn beklagt hätte. Aber böse Überraschungen? Nein, lieber nicht!

Ich traue mich mal, die Frage anders zu stellen: Hat das Leben so zu sein, wie ich es erwarte? Und wenn was Gutes noch draufgepackt wird – wunderbar!

Aber darf das Leben vielleicht auch ganz anders sein?

Maria war mit Sicherheit überrascht – von Josef sowieso ganz zu schweigen. Die Hirten waren überrascht und die Weisen aus dem Morgenland auch, sie laufen ja sogar zuerst die falsche Adresse an. Das Leben ist manchmal anders, als wir es erwarten – und wir finden etwas ganz anderes als das, was wir gesucht haben.

Abschied nehmen von meinen Vorstellungen, wie Leben zu sein und zu laufen hat …

Den Stern im Blick behalten

Oft genug passiert es, dass wir uns in den Kleinigkeiten unseres Alltags verlieren und nur noch auf die Realitäten schauen. Sogar unsere Träume und Wünsche ergeben sich eher aus den Defiziten unseres Alltags als aus Visionen. Würden wir heute überhaupt einen neuen Stern sehen, der an unserem Horizont aufgeht? Und – die viel spannendere Frage – wäre ich bereit, aufzubrechen und diesem Stern zu folgen?

Was waren denn mal meine Visionen, meine Träume? Weshalb habe ich mich engagiert? Und was ist daraus geworden? Hab ich mich erfolgreich eingerichtet – oder wäre ich, wie die drei Weisen aus dem Morgenland, bereit, mich neu auf die Suche zu begeben?

Leonardo da Vinci sagte einmal: »Binde deinen Karren an einen Stern!« – könnte es sein, dass ich meinen Karren irgendwo in der Tiefgarage geparkt habe? Den

Karren, alle meine Bündel, aus dem Dunkel hervorkramen und sie neu an einen Stern binden ... notfalls die Parkhausgebühr zahlen, aber wieder hinaus in die Welt gehen. Und dem Stern vertrauen, der mich führt.

Lassen können

Spannend an den Weihnachtsgeschichten finde ich: Keiner bleibt. Jeder geht wieder. Der Engel verlässt Maria gerade an dem Punkt, wo sie ihn eigentlich erst recht bräuchte. Maria bricht auf zu Elisabet und kehrt wieder zurück. Maria und Josef gehen nach Betlehem. Der Engel kommt zu den Hirten – und die Heerscharen kehren in den Himmel zurück. Die Hirten brechen auf zur Krippe und gehen zu ihren Herden zurück. Die Heiligen Drei Könige gehen los – und kehren wieder heim. Und auch Maria und Josef erklären die Krippe in Betlehem nicht zum neuen Nationalheiligtum, sondern kommen, über den Umweg in Ägypten, nach Nazaret zurück.

Lassen können, wieder neu aufbrechen ... das scheint sehr weihnachtlich zu sein.

Und so war es schon immer, das Alte Testament ist voll mit Wander- und Aufbruchsgeschichten! Und so wird es auch mit Jesus weitergehen, er bleibt unterwegs.

Jeder ist unterwegs. Ja, solange wir auf Erden leben, sind wir unterwegs. Denn hier ist nicht unsere Heimat. »Wir sind nur Gast auf Erden und wandern ohne Ruh ...« heißt es in einem Lied, das völlig zu Unrecht nur bei Beerdigungen gesungen wird.

Die moderne Fassung heißt: »Pilger sind wir Menschen« oder auch »Ich bin dann mal weg …«

Lassen können – das heißt andersherum: Nichts festhalten müssen, aber auch mich an nichts festhalten können – außer an Gott.

Anbeten

Hirten und Könige beten an, und sie werden ihren Grund gehabt haben. Anbeten, das ist ganz einfach »vor Gott sein«. Und wenn ich vor Gott bin, dann preise ich seine Größe, dann singe ich sein Lob, dann erfahre ich mich vor ihm.

Das kann aber auch heißen, dass ich wütend vor Gott knie und frage: »Warum lässt du das zu?«, oder mit Jesu Worten klage: »Mein Gott, mein Gott, warum hast du mich verlassen?«

Anbeten heißt nicht, dass ich alles toll finde, was dieser Gott in meinem Leben mit mir macht. Ich darf fragen, klagen und protestieren.

Anbeten heißt: Ich stelle mich vor Gott. Ich frage und heule und klage. Ich sage danke, ich bitte, ich kämpfe, ich hadere. Ich verstumme, werde laut, flüchte mich in die alten Weisen der Gebete, finde neue Worte.

Solange ich vor Gott stehe, mich Gott stelle, bete ich an. Solange ich »du« sage, bete ich an. »Ich glaube nicht, dass es dich gibt!« – auch das ist eigentlich Gebet. Denn sonst bräuchte ich nicht »du« zu sagen …

Vor Gott stehen, mich Gott stellen, lobend, klagend, preisend, schreiend …

Andere beschenken

Weihnachten ist das Fest der Geschenke. Aber warum eigentlich nur an einem Tag im Jahr? Wäre Schenken nicht eine Sache, die das ganze Jahr über gilt? »Schenken«, das heißt ursprünglich, jemandem etwas zu trinken zu geben, ihm etwas einschenken. Den Menschen etwas geben, die Durst haben, Durst nach Liebe, nach Frieden, nach Gerechtigkeit.

Ich kann den Menschen aber nur das geben, was ich selbst habe. Wenn ich in mir keine Liebe habe, kann ich keine Liebe schenken. Wenn ich nicht Frieden geschlossen habe mit mir selbst, kann ich keinen Frieden schenken.

Paulus sagt es sehr deutlich: Es geht nicht darum, dass ich meinen eigenen Mangel vergrößere, sondern von meinem Überfluss abgebe (vgl. 2 Korinther 8,12–15).

Manchmal geben wir das her, was wir selbst nicht haben. Und dann werden wir selbst leer vor lauter Hingabe. Und was ich nicht habe, kann ich auch nicht hingeben. Vielleicht lohnt sich ein Blick: Was kann ich geben – und wer braucht was? Und könnte es sein, dass ich denen etwas gebe, die eigentlich wenig brauchen – aber die vergesse, die viel bräuchten?

Und könnte es sein, dass ich viel gebe, obwohl ich eigentlich gar nichts übrig habe?

Sich entziehen

Irgendwie gehört es anscheinend nicht zum »guten Ton«, sich auch einmal zu entziehen. Immer wieder treffe ich Menschen, die sich schuldig fühlen, weil sie vor einer Auseinandersetzung geflüchtet sind, weil sie den Rückzug angetreten haben. Ich habe keine Ahnung, woher dieses Bild, dieser Eindruck kommt.

Jesus hat sich oft genug den Erwartungen der Menschen entzogen – mit seiner Flucht nach Ägypten fängt seine Geschichte überhaupt erst an. Wären Maria und Josef mit ihm in Betlehem geblieben, wäre Jesus getötet worden. Manchmal wäre es Wahnwitz, einfach stehen zu bleiben und sich zusammenschlagen oder gar töten zu lassen. Manchmal muss ich flüchten, um das kleine Neue, das gerade zur Welt gekommen ist, zu schützen – einfach weil die anderen zu stark und zu mächtig sind. Manchmal muss ich mich entziehen, weil ich nicht die Kraft habe, hinzustehen. Das darf sein, und das ist vollkommen okay so. Mich entziehen, mich zurückziehen, um in diesem Schutz Neues heranwachsen zu lassen, neu Kräfte zu sammeln. Manchmal mag dafür eine Stunde reichen, dann wieder braucht es einen Tag, vielleicht sogar eine Woche oder den Urlaub …

Keine Angst haben

»Fürchte dich nicht!« – das ist der Gruß, den der Engel Maria und den Hirten entbietet. Und er wird wohl nicht ohne Grund gesagt worden sein. Wenn Gott in mein Leben einbricht, einbrechen will, dann kann kein noch so höfliches und dezentes Anklopfen darüber hinwegtäuschen, dass er etwas von mir will. Gott ist oft genug eine Zumutung.

Aber wenn ich jemandem etwas zumute, wenn ich mich jemandem zumute, dann hat das ja auch etwas mit »zutrauen« zu tun. Ich traue dir zu, dass ich mich dir so zumuten kann. Jede Zumutung Gottes sagt mir zugleich, dass er mir das zutraut.

Und ich gehe ja nicht alleine. Gott selbst geht mit. Er wird mir ja wohl keinen Auftrag geben und mich dann hängen lassen.

Deshalb kann Maria ihr »Ja« sagen, deswegen brechen die Hirten auf und schauen nach, was da geschehen ist. Ich kann »Ja« sagen, ich kann aufbrechen und losgehen. Ich brauche keine Angst zu haben – denn Gott geht mit.

Nimm den Esel mit

Ich kenne keine bildliche Darstellung der Flucht der Heiligen Familie nach Ägypten, auf der nicht der Esel dabei ist – auch wenn die Bibel davon kein Wort erzählt. Aber die Volksfrömmigkeit erkennt ja manches, was hohen Theologen bisweilen verborgen bleibt. Wir können also getrost davon ausgehen: Der Esel war dabei.

Und vielleicht könnte auch das ein wichtiger Hinweis für uns sein: Ich muss nicht alles alleine tragen. Es gibt Menschen, die mittragen, wenn ich sie mittragen lasse. Es gibt Menschen, die meine Wege mitgehen, wenn ich sie mitgehen lasse. Ich muss nicht alles alleine machen.

Manche mögen solche Menschen für Esel halten. Okay. Ich sehe das nicht so. Ich bin gerne bereit mitzutragen, wo die Last für einen anderen zu schwer wird. Und ich bin dankbar für jeden, der sich mir zur Seite stellt, wenn ich nicht mehr kann, dem ich einen Teil meiner Last geben kann.

Wir brauchen Esel.

Und auch das ist gut biblisch. Erinnern Sie sich? Jesu Einzug nach Jerusalem und seine Anweisung, einen Esel loszubinden. Und wenn man fragen würde, dann soll man antworten »der Herr braucht ihn!« (Lukas 19,31). Ja, der Herr braucht Esel. Er braucht solche, die mittragen, mitschleppen, mitgehen – und sei es bis nach Ägypten. Aber ich bin mir auch sehr sicher: Er hat seine Esel im Blick – und manchmal krault er sie ganz lieb im Mähnenhaar, auch wenn er nicht viele Worte darum macht.

Elf Gedanken, was weihnachtlich leben heißen kann, heißen könnte. Natürlich, Sie können den Text lesen, ihn vielleicht ganz nett finden oder sich an der einen oder anderen Stelle eventuell aufregen – und das Buch an die Seite legen.

Ich hätte noch eine andere Idee: Kopieren Sie sich diese Seiten, schnippeln Sie sie auseinander, mischen Sie sie einmal gut durch – und teilen Sie jeden dieser Gedanken einem Monat im nächsten Jahr zu. Mag sein, der Esel taucht dann im Februar auf, der Stern im Oktober. Ja, mag sein, dass Ihnen der Text dann überhaupt nichts sagt ... aber vielleicht kann er auch ein Schlüssel für irgendetwas sein, von dem wir beide, ich als Schreiber, Sie als Leser, noch gar nichts wissen.

Wichtig wäre mir nur: Weihnachten, das ist kein Datum, das ich einmal im Jahr abhaken kann, Weihnachten ist ein Weg ... ൟ

Und – wo werden Sie denn in diesem neuen Jahr so sein?

Eigentlich ist es fast schon ein kleines Ritual in meinem Leben geworden: Irgendwann zwischen den Jahren schaue ich im Kalender nach, wo es mich denn im neuen Jahr beruflich und privat so hintreiben wird, soweit sich das zu dem Zeitpunkt überhaupt schon sagen lässt. Was steht bereits an Terminen im Kalender drin? Da ist zum Beispiel die Einladung zu einem Geburtstag bei einem Freund im Münsterland, der geplante Urlaub – ja, mal wieder Südafrika! –, ein Kurs in Österreich und einer auf der Insel Wangerooge, Pfarrgemeinderatswochenenden in der Diözese Osnabrück … an welchen Orten werde ich voraussichtlich in diesem Jahr sein?

Die Orte in den Blick zu nehmen, an denen ich mich in diesem Jahr aufhalten werde, ist wichtig für mich. Denn es gibt Orte, die mir guttun, an denen ich zur Ruhe kommen kann, wo ich mich wohlfühle, ich sein kann. Andere Orte tun mir nicht gut, da spüre ich regelrecht, wie ich aggressiv, ungeduldig, laut werde. Wie ich auf einen Ort reagiere, hängt natürlich nicht nur von dem Ort ab, sondern vor allem davon, was ich damit verbinde. Bahnhöfe mag ich zum Beispiel überhaupt nicht, da habe ich immer irgendwie die Assoziation »zugig, kalt, ungeschützt« – aber Flughäfen mag ich. Klar, in aller Regel habe ich ein ziemlich attraktives Ziel vor mir, auf das ich mich freue, wenn ich auf einem Flughafen bin. Das nah gelegene große Einkaufszentrum finde ich zwar sehr praktisch – aber ich bin trotzdem nicht gerne da. Es gibt Tagungshäuser, in denen ich lieber arbeite als in anderen. Es gibt Gegenden, Landschaften, die ich lieber mag als andere. Manche Orte tun mir besser als andere. Und genau das will ich mit meinem Blick in den Kalender zwischen den Jahren herauskriegen: Bin ich oft genug an Orten, die mir guttun?

Zugegeben – ich bin ziemlich viel unterwegs, das bringt meine berufliche Situation so mit sich. Trotzdem ist dies nicht nur eine Frage für »Viel-Reisende«, sondern auch für alle »Daheim-Bleibenden«.

Denn die allererste Frage heißt natürlich: Ist die Wohnung, das Haus, in dem ich lebe, ein Ort, wo ich mich wohlfühle? Ist es ein Ort, an dem ich ich sein kann? Was könnte ich noch tun, damit es für mich zu einem solchen Ort werden kann? Und – die »Viel-Reisende«-Variante – bin ich oft genug daheim?

Die zweite Frage: Wo mache ich Urlaub? Gibt mir dieser Ort wirklich etwas, oder absolviere ich nur irgendein gesellschaftliches Pflichtprogramm?

Die dritte Frage: Wo verbringe ich meine freie Zeit? Sind es Orte, die mir wirklich guttun?

Ja, aber – was sind denn Orte, die mir wirklich guttun?

Solche Orte sind »heilige Orte« – Orte, an denen ich mich von etwas berühren lassen kann, das mich über meinen Alltag hinausführt. Orte, an denen ich erkennen kann, dass es etwas Größeres gibt als das, was meinen Alltag ausmacht. Orte, an denen ich zur Ruhe kommen kann, still werden kann, mich ergreifen lassen kann. Orte, an denen ich ich selbst werden kann.

Dazu muss man nicht unbedingt viel in der Weltgeschichte herumfahren. Das können auch die zehn Minuten in der Mittagspause unter dem großen Baum im Park sein. Das kann das Anzünden einer Kerze vor dem Mutter-Gottes-Altar in einer Kirche sein. Das kann die Wanderung an der Ems entlang sein. Das kann eine kleine Ecke in der eigenen Wohnung sein, die ich besonders gestaltet habe. Heilige Orte werden nicht dadurch heilig, dass sie viel Geld kosten müssen.

Heilige Orte werden dadurch heilig, dass sie mit etwas »verbunden« sind. Es gibt sehr traditionelle, klassische »heilige Orte« wie zum Beispiel Rom oder Santiago de Compostela, Walldürn oder Vierzehnheiligen. »Man merkt solchen Orten an, dass dort viel gebetet wurde«, sagte eine Frau kürzlich zu mir. Aber jeder von uns hat auch seine ganz eigenen »heiligen Orte«, mit denen er etwas aus seiner Lebensgeschichte verbindet. Das sind Orte, an denen und von denen wir uns berühren lassen.

Wir brauchen solche Orte in unserem Leben, wir brauchen »heilige Orte« – genauso wie wir »heilige Zeiten« brauchen.

Und vielleicht wäre das wirklich eine ganz spannende Frage für das neue Jahr: Bin ich oft genug an solchen »heiligen Orten«, gibt es ausreichend »heilige Zeiten« für mich? Gebe ich Gott Zeit und Raum, mich zu treffen?

Vielleicht wäre Neujahr ja nicht der schlechteste Termin, sich das eine oder andere vorzunehmen, was diese Seite unseres Lebens angeht. ◡◠

Voller Leere

In Südafrika wurde vor einiger Zeit eine neue Vorschrift erlassen, dass in jedem Auto ein Warndreieck mitgeführt werden muss und bei einer Kontrolle ein Bußgeld (umgerechnet 25 Euro) fällig wird, wenn das nicht der Fall ist. Die Provinzoberin informierte beim Mittagessen darüber und bat alle Schwestern, die für ein Auto der Gemeinschaft zuständig sind, das doch bitte zu überprüfen. Und einige Schwestern nutzen gleich die Mittagspause, um das zu tun –, manche wurden fündig, andere nicht – und eine Schwester kommentierte den Blick in den Kofferraum ihres Autos mit: »Full with emptiness!«, also »voll mit Leere!«

Natürlich war der Ausruf eher witzig gemeint, aber mich ließ der Satz nicht mehr los, vielleicht gerade weil er so paradox ist. Kann etwas »mit Leere gefüllt« sein? Und jetzt könnte man direkt ein wenig philosophisch werden: Ist »Leere« einfach nur »leer«, sozusagen »gar nichts«, oder ist »Leere« die Abwesenheit von etwas anderem und sagt damit etwas darüber aus, was nicht ist? Und ist damit schon wieder selbst etwas?

In der Regel ist unser Leben mehr als voll: Termine, Verabredungen, zu Erledigendes … und sollte da mal ein wenig Leere sein, dann füllen wir sie schnell mit Fernsehen, Radio, neuen Aktivitäten.

Aber »Leere« ist eigentlich auch ein spiritueller Begriff; denn nur wenn ich »leer« bin, kann ich mich von Gott füllen lassen. Und da, wo alles schon voll ist, besetzt ist von irgendetwas, irgendjemandem, wird Gott keinen Platz mehr finden. Nur in der Leere kann und wird ein Hunger, eine Sehnsucht entstehen … und wird das suchen, was wirklich »er-füllt«.

Ich glaube, es ist genau das, was ich am ersten Tag eines Urlaubs oder von Exerzitien fühle und auch am Neujahrsmorgen: Etwas Neues liegt vor mir, noch ganz frisch und unbeschrieben, etwas, das noch »leer« ist und darauf wartet, gefüllt zu werden. Und es ist ein wunderschönes Gefühl! Da ist noch Platz und Raum und Zeit für etwas! Ich habe neu die Chance, diese »Leere« zu gestalten!

Wir alle haben wahrscheinlich schon genug Termine im Kalender für das kommende Jahr stehen und einiges auf der »Zu-erledigen-Liste« – trotzdem: Da ist auch noch viel Leere, die neue Möglichkeiten eröffnet!

Zugegeben, das Gefühl dauert in der Regel nicht allzu lang an. Spätestens, wenn die ganzen Feiertage vorbei sind oder die Schule wieder beginnt, hat auch das neue Jahr schon wieder seine »Unschuld« verloren.

Aber vielleicht habe ich es ja diesmal geschafft, mir solche Momente, Tage, Zeiten der Leere für die kommenden 365 Tage einzuplanen? Zeiten »full with emptiness« …

Ehrlich gesagt, ich finde, das wäre kein schlechter Vorsatz fürs neue Jahr. ✍

Weihnachten geht weiter!

Wenn man am 8. oder 10. Januar noch jemandem »Frohe Weihnachten!« wünscht, wird man schon etwas komisch angesehen. Das Kopfschütteln ist gut nachvollziehbar, wahrscheinlich haben die meisten in diesen Tagen schon den Weihnachtsbaum abgeschmückt und zum Abholen auf die Straße gestellt, in den Geschäften ist längst die Weihnachtsdekoration verschwunden und hat für kurze Zeit den Platz für Feuerwerkskörper und Luftschlangen frei gemacht. Und auch in der katholischen Kirche endet seit der Liturgiereform mit dem Fest »Taufe des Herrn« am ersten Sonntag nach dem 6. Januar der Weihnachtsfestkreis. Aber Weihnachten geht weiter!

Wenn Weihnachten mit dem offiziellen Datum abgeschlossen wäre, dann wäre es ein Fest wie alle anderen – nett, schön, Feiern, Geschenke – das war's dann. Aber gerade das ist Weihnachten nicht – eben kein abzuhakender Termin im Kalender der Feste. Weihnachten ist mehr. Weihnachten hat Konsequenzen. Weihnachten will im Alltag gelebt und gefeiert sein, denn Weihnachten geht weiter!

Weihnachten – das ist das Fest der Würde des Menschen. Gott sind die Menschen so wichtig, dass er selbst in einem Kind Mensch wird. Das aber gibt dem Mensch-Sein eine Würde, einen Wert, der 365 Tage gelebt sein will. Am Weihnachtsfest selbst feiern wir das nur stellvertretend, da geben wir dem einen Ausdruck – so wie zum Beispiel auch am Muttertag. Aber bewähren muss sich diese Botschaft dann, wenn der Alltag wieder einkehrt, wenn der Tannenbaum abgeschmückt ist, die Krippe auf dem Dachboden verstaut und die Geschenke schon eifrig in Gebrauch sind.

Weihnachten geht weiter, geht sozusagen über all das hinaus.

Ob wir die Botschaft von Weihnachten wirklich verstanden haben, das zeigt sich daran, wie wir 365 Tage im Jahr mit unseren Mitmenschen umgehen – auch mit denen, mit denen das »Umgehen« manchmal nicht so leicht ist. Wir müssen nicht mit allen dick befreundet sein, und »Friede, Freude, Eierkuchen« ist auch nicht unbedingt gefragt – aber dem anderen seine Würde lassen und sie achten, das wäre »weihnachtlich«.

Aber auch – mir selbst meine Würde nicht nehmen und nicht nehmen lassen. Ich bin Gott so wichtig und wertvoll, dass er für mich Mensch wird.

Diese Botschaft von Weihnachten gilt das ganze Jahr über. Und es liegt auch an mir, sie zu leben und weiterzugeben. Weihnachten geht weiter – oder fängt es jetzt vielleicht sogar erst richtig an?

In diesem Sinn: Fröhliche Weihnachten! ∞

Kleine Wunder im Alltagsgrau

160 Seiten | Kartoniert
ISBN 978-3-451-31122-2

Dieses kleine Buch ist ein wahrer Wegbegleiter durch das Leben. Die mal behutsam-ernsthaften, mal heiter-ausgelassenen
Gedanken, Gedichte und Briefe geben Kraft und Hoffnung
und zaubern ein Lächeln aufs Gesicht. Ein außergewöhnlicher
kleiner Schatz, bescheiden und kraftvoll zugleich: wie ein
Gänseblümchen.

*Die Geschichte »Wie der hl. Andreas die Weihnachts-
plätzchen erfunden hat« (S. 35–44) ist entnommen aus:
Andrea Schwarz, Vom Engel, der immer zu spät kam.
Meine schönsten Weihnachtsmärchen,
Verlag Herder GmbH, Freiburg im Breisgau 1997,
Neuausgabe 2014 © Andrea Schwarz*

Neuausgabe 2019

© Verlag Herder GmbH, Freiburg im Breisgau 2013
www.herder.de
Alle Rechte vorbehalten

Bibelzitate folgen der Übersetzung:
Die Bibel. Die Heilige Schrift
des Alten und Neuen Bundes
Vollständige deutschsprachige Ausgabe
© Verlag Herder GmbH,
Freiburg im Breisgau 2005   DIE BIBEL

Umschlaggestaltung: Gestaltungssaal, Rosenheim
Satz: Stefan Weigand, wunderlichundweigand.de

Herstellung: GGP Media GmbH, Pößneck
Printed in Germany
ISBN Print 978-3-451-03197-7
ISBN E-Book 978-3-451-81884-4